まず「書いてみる」生活

「読書」だけではもったいない

鷲田小彌太
Washida Koyata

文芸社文庫

まえがき

言い残したいことがある。ならば書き残そう

言い残したいことがある。その想いで司馬《しば》遼《りょう》太郎《たろう》はものを書きはじめました。結果、すさまじい数の大小の傑作を書き残しました。

言い残したいことがある。この想いは司馬さんだけのものではないでしょう。誰にでも、大きい小さいは別として、あるでしょう。すすんでこの想いを書き残したい、そう思っている人も少なくありません。でも仕事をもっているとき、子育てに追われているとき、その想いが大きく頭をもたげるだけの暇《ひま》は、プロの物書きになろうという人以外には、ほとんどありません。

定年です。子育ても終わりました。ようやくのこと自由にできる時間があなた方の前にたっぷりあるのです。言い残したいことを存分に書くチャンスが訪れたのです。

ところがここが微妙なのですが、書く暇が生まれると、言い残したいこと、書きたいことがあると思えるのに、何を・どう書きはじめたらいいのか、書き続けたらいいのか

が霧の中に沈んでしまうように感じられるのです。

それでも勇を鼓して書きはじめるとしましょう。続きません。蛮勇を振るって、エイッ、とにかく書きたいことをどんどん書き連ねてゆこうとします。ノート一冊分くらい溜まりますね。でもほとんどは、読み返すのさえ困難な、まとまりも首尾一貫性もない、支離滅裂といってもいいメモにしかすぎなくなる、というのが悲しい事実ではないでしょうか。

書こうとしたのに、徒労に終わった。こういう例に私自身何度出会ったことでしょう。本書はこの手の徒労に陥《おちい》らないための手引き書も兼ねています。

書くには書く作法（マナー）が必要です。その作法は一定の訓練（トレーニング）を要します。日本人です。誰でも一応は日本語を書くことができます。それで、このマナーをトレーニングすることを軽視するというか、無視するのですね。それで、言い残したいこと、書き残そうとすることの多くが、雲散霧消してしまうのです。

書くと、書きたいものがわかってくる

言い残したいもの、書きたいものがあるから、書く、と司馬さんはいいます。しかし、

いかに司馬さんが天才であっても、まずは書いてみなければ、いいたいことが、書きたいことが、「わからない」と思えます。「わかる」とは「明快になる」ということです。書くまでは、テーマは決まっていても、ぼんやりしたイメージのままです。「曖昧《あいまい》模糊」ですね。

言い残したい大事なことがある。これを書き残さなければ死ねない。こういう切実な思いに囚《とら》われて書きはじめ、悪戦苦闘の末に書き上げたとします。でも、一読して、構成が支離滅裂です。明快な部分は平凡で、曖昧模糊の部分は珍奇です。自分の無能を恨みたくなります。でも、書きはじめというのは、大方の人がこういう無残な結果になるのです。

本書は、全体の筋＝構成を大切にした、しかも細部まで明快さを貫きたい、という書く作法の習得を心がけています。

一つだけいいます。四〇〇～一二〇〇字の短文（エッセイやコラム）を書けるようになることです。書こうという意欲のある人なら、短文を明確に書くことはそんなに難しくない、と思えるでしょう。短文さえ書ければ、どんな長文でも書くことができる技術（アート）、それを本書で伝授できると思います。

書いてみて、わかっていたつもりのことで、何がわかっているのか、わかっていなかったのかが、はじめてわかるのです。それに書くためには調べなければならないもの、読まなければならないものもわかってきます。漠然と読んでいたり、観ていたりしたときとは違《ちが》って、書くことで知的備蓄や精度が増すのです。これってなかなか気分のいいものです。

書き続けると、それが日課になる。書く人生が生まれる

書き続けてごらんなさい。読むだけの人生とはまた彩りを異にした人生がはじまります。

定年後、なにが難しいといって、決まってすることが、日課（デーリー・ワーク）がないことです。自由がいちばんいいですって？　そうでしょうか？　することがあって、自由時間があるのが素敵なのです。自由時間しかないなんて、たいていの人は退屈でノイローゼになってしまうのではないでしょうか？

朝起きてなすべきことがある。毎日がスムーズに進行しはじめますね。朝、八時から二時間くらいを執筆に当てるなんていうのは、ちょっと自慢したくなる日課ではないで

しょうか。もちろん書くためには調べごとをしなくてはなりません。

面白いもので、書くことが習慣になると、書かない日が続けば、落ち着かなくなります。


著書にならなくてもいい。しかし……


書きたいことがなくても、書けば、書きたいものが出てきます。

書き残したいものがなくても、書くと、残したくなります。

他人に読んでもらうために書くのではなくても、書けば、だれかに読んでほしくなります。

発表（公表）するために書いたのではなくても、書けば、公表したくなります。

著書にするために書いたのではないのに、一冊の分量を書くと、本にしたくなります。

これが人間の、書く人の普通の心情（マインド・アンド・フィーリング）の向き具合です。私は大切な心情だと思います。

ですから、自分の著書をもつことを目標にしていなくても、一定の分量を書いたら著書をもちたくなるのは自然感情なのです。面白いことに、著書をもとうと頑張るよりも、毎日きっちりと書く習慣を続ければ、自然と著書ができる、と思って下さい。

晩年にさずかった子どもや孫は可愛いといいます。自分の「分身」である著書はそれに劣らず愛おしいものです。著書に言い残したいことを存分に書き連ねようではありませんか。そのために、まず書きましょう。これが私の第一のメッセージです。

目次

序　章　書くことの悦び

書くことは、人間の本質なのだ

冒頭から、直球の問いを発してみよう。最初から、怯んでもらっては困ります。人間を他の生物と分かつ特長は何か？　人間にだけ備わっていて、他の生物にない性質のことです。人間の本質（ヒューマン・アイデンティティ　human identity）ですね。

人間は、人間と他の生物とを分かつたくさんの性質をもっています。直立歩行する。火を使う。道具を作る。労働する。たえずセックスをする、もありますね。

しかし、それだけが、前人間から人間を「分かつ」もの、それを「もった」からこそ人間が人間になったものとは、他でもない「言葉」を操る能力です。

人間を「ホモ・サピエンス」（homo sapiens）といいますが、ラテン語で「理性をもつヒト」という意味です。アダム・スミスやマルクスは、人間の本質は「労働」であるといいましたが、正確には、「ホモ・ファベル」（homo faber　道具を作るヒト）でしょう。

しかし、自然（nature）と人間（art　人工）を分かつ厳密な境界線は、言葉を使うこと、したがって、人間とは「ホモ・ロクエンス」（homo loquens　言葉を使うヒト）である、という立場が二〇世紀の後半に有力になりました。私もこの立場をとります。

言葉は、いま・ここにないもの、いまだかつて・どこにもなかったものを、喚起する能力をもっています。人間は、言葉をもつことによって、自然にないものを呼び出し、実現しようとします。そして実現してきました。人間が自然を超えるのは、言葉をもち、それを使ったからです。言葉の力こそ、創造力と想像力の真の生みの親なのです。

聖書に「はじめに言葉ありき」とあります。この「言葉」は神の言葉です。創造主ですね。聖書を離れていうと、真の創造主は言葉である、ということでしょう。

私たちは、言葉を話す、といいます。言葉で、この世にあるもの、ないものを紡《つむ》ぎ出します。言葉はたんに話されるだけでなく、読まれ、書かれます。では、話す、読む、書くのなかで、もっとも創造的な力をもつものは何でしょう？「書く」ではないでしょうか？

書く人はライターです。しかし、たんに書く人ではなく、縦横に書く能力をもった人をどう呼ぶでしょう。作家ですね。思い切って、創作者（クリエーター　creator）といってみましょう。

書くとは、人間だけに備わった能力を、最高度に発揮する行為なのです。だから、そんなに簡単ではなく、しかも人間を最高潮の状態に導くアクションなのだといっていいでしょう。

後にまたいう機会がありますが、私が最初の著書を書いたとき、準備期間を除いて、書くだけでまるまる半年かかりました。ところが、そのときの緊張と興奮がほどけて常態に戻るまで、同じだけの時間がかかりました。その間、苦しいが、書かなければ獲得できない「至福」のときでもありました。これほど熱中し、しがいのあるものはないに違《ちが》いない、と思えました。それ以来、私は書く魅力に捉《とら》えられています。これは私だけでなく、はじめて本を書いた人ほとんどに共通する気分でしょう。

一節　読む人VS.読まない人

「読書人」て古いね！　でも感じいいね！

「読書人」という言葉があります。辞書には、一、読書を好む人。よく書物を読む人と、二、学者や知識人の総称をさす、とあります。現在、一般的には、書評紙『週間読書人』にかすかにその言葉が残っているだけで、「死語」と化している状態に見えます。

しかし、つい五〇年前までは、この言葉はきらきらと輝いていたのです。私などもその言葉に「魂」をわしづかみにされた一人です。

実際、一九六〇年代に学生生活を送った私が、大学生（文学部生）になって最初にやったことはといえば、古本屋に行き、一山、ちょうど縄で括《くく》って両手にもてるだけの本を買ってきて、いままで受験参考書が占めていた本棚に並べることでした。もっとも、そのとき本棚は一つしかないという状態でした。

読みもしない本を、わざわざ一山いくらで買ってくるなんて、なんて愚かな、とお思いの人は、当時「読書人」という言葉がもっていた輝きを知りもしないし、身にも帯びてない人だからでしょう。当時、本を読まない、読む本をもっていないことは、知的に恥ずかしい、という自負心めいたものがかすかにではあれ、私にもあったのです。学生とは、学者の予備軍で、知識人になることをめざしている。知識人とは読書人のことだ、という気負った気風がまだ残っていたのです。

ただし、こういう「自負心」は、田舎育ちで読書世界に一度もまみえたことのない私の劣等感の裏返しでもありました。文学部なのに、友人たちも大した本をもっておらず、読んでもいないことにすぐ気づきました。そう気がついたときから、しかし、私の本当の読書時代がはじまりました。

それから一五年です。三五歳、著書ももち、定職も得て、確実に読書人の仲間入りを果たしつつあるな、と実感しえたときです。一冊の本に出会いました。偶然です。谷沢《たにざわ》永一《えいいち》『読書人の立場』（一九七七年刊）で、著者も未知の人でしたし、装丁もぱっとしない本でした。

一つは、完全に打ちのめされました。著者は、私たちの周囲に存在した大学の教師をはじめとする読書人＝知識人とは質的にも量的にもまるで桁《けた》違いの読書人だったからです。

二つは、専門のための読書、専門領域に関連する文献＝書物の読解とは別に、それよりも二桁も三桁も違う量の専門外の雑書を読んでこそ、読書人＝知識人と呼ばれるにふさわしい、ということを思い知らされたからです。

しかし、この本は、たんに打ちのめすだけの本ではなかったのです。というのも、著者の思考生理とでもいうべきものが、私にぴったりだ、と気づかされたからです。それまでの私の読書は、丸山眞男《まるやままさお》、吉川幸次郎《よしかわこうじろう》、西郷信綱《さいごうのぶつな》というように、知的最前線を走っているリーダーが書いたものが醸《かも》し出す雰囲気のものを、好んで手にしていたようなところがあったのです。またそれが学問世界でも権威がありました。

ところが、著者谷沢の背後には、戦後の知的権威に対する挑戦心とでもいうべきものが潜んでいるように感じられたのです。批判精神の横溢《おういつ》です。私が惹《ひ》かれた原因でもあります。

このときを境にして、私の読書に一大変化が生じました。「読書人」をまったく違った目で見るようになったのです。

「読書が趣味」というのは、恥ずかしい

七〇年代以降、「読書人」という言葉が輝きを失ったという事実を、否定的に受け取る必要はありません。本を読む人がいなくなったわけではないからです。むしろ逆です。書物を読むことが、特別のこと、知識人に特有のことではなくなったからです。

したがって、書物に対する態度も変わりました。書物そのものを、ごく普通の生活必需品の一つと考えるようになったのです。書物に対する特別な思い入れが消えました。

ましてや、蔵書を蓄財の一つというような考え方は、完全に消えました。

一九七五年以降のことです。大学の常勤教師になって、何度か教師採用の審査にかか

わったことがあります。当然、応募者の履歴書を読まなくてはなりません。その「趣味」の欄に「読書」と大書する人がいるのです。最初は、ぎょっとしました。大学の教師になろうとしている人だろう。本を読まなくてどうする。本を読むのは仕事の一部だろう。こう思えたからです。ところが、こう書く履歴書にかなり出会ったのです。

「ゴルフが趣味」ということは、ゴルフは素人である、ということを物語っています。同じように、「読書が趣味」は、読書は仕事とは無関係である、ということでしょう。それに、もはや読書は特別のものではなくなっているのです。読書人であるべき大学教師が、「読書が趣味」というのは、専門領域に関する読書はしていない、ということを白状するようなものです。恥ずかしい所業でしょう。本当は、恥ずかしい、ではすまされないのです。

ただし、「読書が趣味」を否定するために、これをいうのではありません。「趣味の読書」、これこそ読書の読書たるゆえんでしょう。楽しむ、たんに時間を浪費するために読書をする。私などは、これが読書の神髄だと思います。

教師だけではありません。普通の会社員でも、読書が普通のことになったのです。「読書が趣味」では、ちょっと恥ずかしい、という時代になったのです。そう思いませんか？　この時代を総括して、高度知識社会といいます。

デジタルの時代だ。本がどんどん不要になるって？

しかし、いうかもしれません。本の時代は過ぎた。映像や音響の時代だ。それに、コンピュータの時代だ。映像や音楽ばかりでなく、「活字」もデジタル化して、いつでも・どこでも・誰とでもインターネットで「情報」が入手可能になった。「活字」といえば、新聞であり、書籍だった。ところが、アナログはもう古い。フイルムやレコードと同じように、「紙」の媒体《ばいたい》はお蔵入りしつつある。本はもはやコンピュータを使うことのできない、旧人類の専有物になりつつある、というわけです。

マンガを読むから、本を読まなくなった、といわれた時代がありました。マンガしか読まない人は、かつても今も、「本」を読みません。しかし、マンガを読んで、知的刺激を受け、本を読むようになるのです。それが私の読書経歴でもありました。多くの人がたどる道ではないでしょうか？　最近、黒澤明《くろさわあきら》監督の映画『七人の侍』を原作とするアニメ『SAMURAI7』を偶然見る機会がありました。超長編ですが、黒澤作品より、面白いだけでなく、知的で、社会構造を見る目の奥が深いのにビックリさせられたところです。

それに、マンガは書籍ではないのでしょうか？　人は、マンガで絵を読みます。同時に、ト書きや会話の形で文字も読みます。絵だけのマンガはむしろ稀《まれ》なのです。さらに、マンガを読む人はおわかりでしょうが、普通は、「絵」を「活字」に戻して読みます。本でも「行間」を読むというでしょう。文章（活字）で表されていない意味を読み込むことです。マンガでは、一コマの「絵」に書き込まれていない意味を読み込むのです。読むとは、言葉（言語）の活動に他なりません。

アナログ人間の私が、ＰＣ（パソコン）を使い出して、一五年が過ぎました。いままでは、ＰＣなしの仕事も日常生活も考えられません。それに、活字を読むだけなら、モニターで読むほうがずっと楽です。文字（フォント）が大きく、光の反射がなく、目に楽なのです。しかし、私は本を書くことをやめていません。読む量が減ったわけでもありません。

それに、本は立派な装飾品でしょう。着る機能だけなら、こんなに多様で華《はな》やかな服飾ファッション世界は生まれようもありません。いい装丁の本を手にする、本棚に収める、眺める、ときに抜き出して捲《めく》る。これって贅沢《ぜいたく》だと思うでしょう。

二節　読む人 VS. 書く人

私だって読めます！　芥川龍之介と「円本」ブーム

五〇年前、「読書人」は稀でした。それ以上に、「書く人」は特殊な人でした。大学教授だって、論文を書くのが仕事だったというのに、書くのは稀なことに属していました。晩年に主著を一冊もつことができたら、すばらしい、ということでした。実際、学生時代、多くの大学教師に会いました。私が属した哲学科の三講座の教授は、西田幾多郎《にしだきたろう》の最後の直弟子だったそうです。その三先生には、定年近くなってからの著書はありません。私の世代の前後になって、著書のない大学教師は数こそ少なくなりましたが、それでも、生涯を通して、一、二冊がせいぜいでしょう。

つまりは、書く人（著者）と読む人（読者）は完全に分離していたのです。単純化していえば、こういう時期区分をすることができます。

第一期　読む人も書く人も稀だ

第二期　大量の読む人と、プロの書く人が出現する
前期　読書人と読者が分離している――『キング』と「円本」の登場
後期　読書人と読者の境が曖昧《あいまい》になった――一九七〇年以降
第三期　読む人と書く人が大量に現れる
前期　作家と読者が分離している――村上春樹《むらかみはるき》以前
後期　プロの書き手とアマチュアの書き手の境が曖昧になる――PCとインターネットの登場

難しいことをいおうとしているのではありません。

大正デモクラシーといわれます。デモクラシーとは民主主義のことですが、この「デモ」とは「大衆」（デモス＝多数）の意味です。この大正時代を代表する売れっ子作家が芥川龍之介《あくたがわりゅうのすけ》です。ところが、この芥川が、「ぼんやりした不安」を理由に自殺を遂《と》げます。昭和二（一九二七）年のことです。昭和元年は一週間ほどしかなかったのですから、まさに昭和の劈頭《へきとう》に自殺したわけです。

芥川は、大正期の意識を代表しました。芥川は流行作家でしたが、その読者数は、二〜三〇〇〇人程度ではなかったでしょうか。ところが、大日本雄弁会講談社《だいにほんゆうべんかい》が、大正一

四年に創刊した『キング』は百万大衆の雑誌を高唱し、その実を挙げたのです。また、『キング』より知識人密着型の『文藝春秋』は、昭和二年、一八万部を超す大雑誌に成長しました。

もっと著者を仰天《ぎょうてん》させたのは、改造社が、大正一五年に刊行しはじめた『現代日本文学全集』の売れ行きです。第一回配本が尾崎紅葉《おざきこうよう》集で、予約は六〇万部を超えたのです。一冊一円の「円本ブーム」がはじまります。

さらに、この大量の読者と著者層の一角を担《にな》っていたのが、プロレタリア文学でした。プロレタリア文学に参入した作家とその卵たちは、太宰治《だざいおさむ》にその典型を見るように、プロレタリア文学を流行作家になるための有力な入り口とみなしたのです。プロレタリアとは労働者階級のことではなく、「大衆」とほぼ同義でした。

こうして、大量の読者大衆が生まれ、小説を書いて食ってゆくことができる職業作家《プロ》が輩出したのです。芸術のための芸術＝芸術至上主義を標榜《ひょうぼう》する芥川の文学理念が、行き場を失った、と芥川自身が感じていい理由です。プロレタリア文学も大衆文学も、理念としては、「労働者階級の解放」であり、「大衆の娯楽」でした。文学は、政治の道具、娯楽の手段とみなされたのです。第二義的なものに格下げされたのです。自殺の文学的理由です。

私だって書けそう！　村上春樹と俵万智

長い間、書く人と読む人の間には、はっきりした分離帯がありました。大衆文学が成立し、週刊誌が作家の生活を支える重要な媒体になった後も、基本的に、書く人と読む人の関係は変わらなかった、といっていいでしょう。

よく、誰でも一冊の小説を書き残すことができる。人一人の一生には、それくらいの経験が詰まっている。こういわれます。だからといって、誰も、自分をモデルに小説を書いたわけでもないし、書けるとも思っていなかったでしょう。

俳諧《はいかい》は、一人芭蕉《ばしょう》が出て、はじめて「文学」になった。

推理小説は娯楽か、文学かという論争は、推理小説の芭蕉が出ないかぎり、決着がつかない。こう喝破《かっぱ》したのは江戸川乱歩《えどがわらんぽ》でした。これはたんなる「予言」でした。しかし、昭和三三（一九五六）年『点と線』を松本清張《まつもとせいちょう》が書くにおよんで、予言が本物になり、娯楽でもあり純文学でもある推理小説が生まれたのです。

純文学のほうでも、書く人と読む人との間に、明確な境界線はない、ということを実感させるような作家が現れます。村上春樹で、昭和五四（一九七九）年、『風の歌を聴け』をひっさげて登場します。

村上春樹は、日本の文壇あるいは文学史とは何の関係ももたずに生まれた作家です。デビュー以降も、同じスタイルを維持しています。

村上の文章は、団塊の世代以降に大きな影響を与えました。誰もが書ける（と思える）、誰もが読める文章を書く、というスタイルが、文学界だけでなく、ジャーナリズム、さらには、学術世界にも浸透していったからです。

誰にでも書ける文章ではなく、誰にでも書ける（と思わせる）文章である、というところが味噌《みそ》です。村上春樹は、職業作家ですが、その書き方、発表の仕方、日常生活の送り方のすべてにわたって、旧来の職業作家のマナーと異なっていました。

書く人と読む人の分岐点を最終的に取り外したのが、俵万智《たわらまち》です。昭和六二（一九八七）年、佐佐木幸綱《ささきゆきつな》の弟子で、年功序列のきつい短歌界から、『サラダ記念日』という地味な歌集が出版されました。大学を卒業した翌々年のことです。初版数が二〇〇部に満たなかった、とよくいわれますが、歌集です。この部数は若い新人としては破格でしょう。とはいえこれがあっという間にミリオンセラーになったのです。仰天事《ぎょうてんじ》でした。

　この本が出てしばらくしてのことです。何本か小説を書いたが、ほとんど誰の注目も浴びなかった女が、私の目の前で、さらさらと俵万智調の短歌を十数首書き記して、いいました。「こんな歌なら、誰でも書ける、素人の私でも、一〇〇首くらいなら、すぐに作ってみせる」と。

　その通りで、善し悪しは別として、『サラダ記念日』に載っている風の歌なら、読めばすぐにわかるし、誰にでも書けてしまうのです。しかし、俵万智が書いたから、はじめて「誰でも書ける」とわかった、ということでしょう。

読んだ、書けてしまった!

　まさに俵万智の短歌は、それを読むと簡単に書けてしまえる、と思わせるものです。思わせるだけでなく、書けてしまうのです。簡単に複製可能なものとは、創造的作品＝創作とは認めがたい、と思うでしょう。

　じゃあ、俵の短歌は創造的作品ではないのでしょうか？　そんなことはない。私ならそう断言します。俵の短歌は、誰も試みなかった一つの発見でしょう。発明＝革新（イノベーション）といったほうがいいでしょう。いままで存在しなかったものを生みだしたのですから、間違いなく「創造」です。

問題は、俵万智のような、一見して、誰でも書ける（ような）スタイルで、創造的で、感動を与える作品を書くことです。やさしいと思えますか？「誰でも作れるが、私だけが作ることのできる作品」というのは、想像する以上に難しいのではないでしょうか？私には、文章（書かれたもの）の理想に違いない、と思えます。

何の変哲もない、誰にでも作れそうだが、誰にも作ることのできないものこそ、アートの粋《すい》だと思いませんか？　俵の「作品」（書かれたもの）はその最初のサンプルに違いありません。こういうと、彼女の作品の過大評価だ、という非難が返ってくると予想されます。

しかし、誰もが書く時代に求められている文章とは、一方では誰も真似《まね》できない文章、個性的な文章でしょう。同時に、きちっと学べば誰でも書くことのできる文章でしょう。この両方を習得できたらいいですね。でも、文章を自在に書く人は、無意識にやっているのです。

俵万智は、伝統的な表現法がスタンダードな短歌だから、妙な誤解を受けたのです。

これがビジネス文や研究論文だったらどうでしょう。まったく問題がないでしょう。それに、基本的なことをいえば、書く技術は、真似をすることなしには身につかないのです。文章の極意は、コピーなのです。文章を文学と言い換《か》えても同じです。ただし、奇天烈《きてれつ》なモデルを真似すると、奇天烈な文章しか生まれません。

三節　書く人VS.書かない人

書いてしまった！　賞を取ってしまった！

一九七八年、（村上春樹はジャズバーをやっていた）四月、家の近くの神宮球場に、ヤクルト・広島戦を見に行った。寝ころんでビールを飲んでいい気分になっているとき、「何かフッフッと書きたい気持ちがわき起こって」きた。店を閉めてから、台所のテーブルで、缶ビールを飲みながら書いた。一時間書くのがやっとだったが、楽しい時間だった。夏ぐらいに二〇〇枚を仕上げ、群像新人賞に応募した。最終選考に残ったと聞いたとき、賞を取るだろう、とも思った。そのころ文芸誌をはじめて買って読んでみた。

案に相違して、ひどいものがいっぱい載っている。こういうのが活字になるというのは甘いと思った。僕はそれまで外国の小説をずっと読んでいた。レヴェルが全然違うのだ。

右は村上春樹が自作『風の歌を聴け』について書いた（聞き書きの）要約です。はじめて書いた小説です。作家が自分と自分の作品について語ったことを鵜呑《うの》みにすると、大きな間違いを犯すでしょう。

でも、何か書きたいという気持ちがわいた。店が暇《ひま》だったので、二〇〇枚と決めて書いた。リアルな文体のものを書いたが、しっくりせず、改めて、もう一度書いた。文芸誌に載っている作品レヴェルが低いので、最終選考に残ったら、受賞するのではないか、と思った。

こうぬけぬけと書かれると、嫌味なヤツ、と思うでしょう。書きたいと思った。暇なので書いてしまった。新人賞に応募したら、賞を取った。受賞の予感があった。たいした自信だ、と思いませんか？　しかし、翌年、単行本になり、一九八二年の『羊をめぐる冒険』で流行作家の地位を築いて、今日に至っています。

村上春樹で思い出すのは、初期のころからパソコン（ワープロ）で書いていたことです。しかし、この応募作は、万年筆と原稿用紙を買ってきて、書いたのです。当時、原稿用紙に万年筆で書かないと、「文芸作品」とは認められなかったわけですから、当然でしょうが、原稿用紙も万年筆ももっていなかった、ということに驚かされませんか。村上春樹は、書くということに関しては、まったくの初心者だったのです。

私でも書けてしまった！　いいの！　パソコン

私の大学では、一年生全員に入門ゼミナールを課しています。何回か小論文を書かす機会があるが、あまりにも歴然たる事実に驚かされます。

パソコンで書くのと原稿用紙に手書きで書くのとの差です。

前者は、いちおう文章になっている。誤字脱字が少ない。さらに、制限字数以内にきっちり収まっている。後者は、「てにをは」や、文のつなぎが不安定だ。つまり、日本語の体《てい》をなしていない。誤字脱字だらけで、句読点がデタラメだ。制限字数内に収めることに汲々《きゅうきゅう》としているため、文章全体のバランスが悪い。比較するとこういうことになります。

後者は、私の大学の新入生だけでなく、パソコンが普及するまでの、学生全体に共通する特徴（欠陥）でもありました。パソコンが、文章を書く人、特に初心者に絶大な威力を発揮することは、誰もが実感できる動かしがたい事実です。なぜそうなのか、はここでの主題ではないので割愛してもいいでしょう。（この理由に興味のある方は、拙著『パソコンで考える技術』〔ＰＨＰ文庫　二〇〇〇〕を参照して下さい。）

パソコン効果は、初心者だけではありません。むしろ、いちおう日本語で文章を書くのに困難を感じない人が、いっそう明快で筋の通った文章を書こうとすれば、パソコンはその期待に存分に応じてくれる、といっていいでしょう。

①書くスピードがまったく違います。②削除も加筆も自在です。③構成や再編成も簡単です。④下書き不要で、脱稿したものが即定稿で、直《ちょく》で編集者に転送できます。⑤原稿整理、コピー、保管等は、考えられている以上に厄介《やっかい》なのですが、その厄介さが嘘のように解消されます。⑥パソコンで書くと、手書きの数倍疲れません。等々、その利点は数え上げたらきりがありません。

でも、パソコン操作は簡単ではない。特に高齢者には厄介千万で、その操作だけでほとほと疲れ切ってしまう。こう思われる人がいるでしょう。断固、そうではない、といいたいと思います。

それでも、じっくり考え、じっくり手書きでゆく。スローライフと一体化したほうが、高齢者の精神活動に向いている。こう主張する人もいます。

でも、パソコンには、スロー・ダウンも、スピード・アップも似合うのです。自在なスピードでゆけるのです。

あなたが、パソコンで書いたら、「書けてしまった！　こんなに簡単でいいの！」と思うに違いありません。

読まなくても、書けてしまった！

四年のゼミ生に、一冊本を指定して、その本の「解説」を、一週間後に、原稿用紙四枚にまとめてくるように命じたことがあります。

「解説」あるいは「要約」は難しいものです。まして、ろくに本も読まない学生です。案の定、ゼミ生たちが右往左往したことが一目瞭然《りょうぜん》の文章ばかりです。感想文の域にも達していません。ところが、一人だけぴしっと決まっているエッセイを書いてきたのです。一読して、ビックリしました。しかし、何かおかしいのです。上手すぎるということです。

それで、鎌を掛けてみました。「この文章、どこかで読んだことがあるな」と。「同じじゃありません」という答えが返ってきました。

さらに問い質《ただ》すと、この学生は、指定した本を読まず、インターネットのサイトを探し、その本の読書評をコピーして、です・ます調をだ・である調に変えただけ、というわけです。これは明らかにルール違反でしょう。

しかし、インターネットを利用して、求める情報をえるというのは、パソコン効果の第二のものです。本を読まなくても、その本に関する最低限度の「情報」をえることができる。その「情報文」をもとに、その本に関するエッセイを書く。これは、必ずしも非難されるべきものではない、というのが私の意見です。

もちろん、「本」は読んだほうがいい。その本を熟読し、摘要を作り、概要（レジュメ）をえて、解説を書く。これが正攻法でしょう。だが、私が谷沢永一の『読書人の立場』に触発され、本格的に司馬遼太郎の小説を読み、三宅雪嶺《みやけせつれい》の本に触れるようになったのと同じ契機が、ここに含まれていないでしょうか？

そう、まったく省エネで手抜きに向かう契機もあります。しかし、ものを調べる、調べた結果に促《うなが》されて当の本を読んでしまう。そういう経験は、少なからずあります。

実際、罰として、この学生に別の本を指定したところ、驚くほどきっちりした文章を書いてきたので、二度驚かされました。

若い人が、本も読まないのに、そこそこ文章が書ける秘密は、どうもパソコンとインターネットにある、ということを知らされたわけです。

どうです。書く技術の上達は、思考道具の発達と関係がある、ということに気づかされましたか？　いえいえ、私はあくまで万年筆で原稿用紙に書く、という人はそれでもいいのです。でも、それならいっそ、筆と巻紙で書いては、といってみたく思います。巻紙ではなかったが、半紙に筆で本の概要を書いたことが、何度かありました。これはこれでなかなかいいのです。でも、あくまで、短い文章、それもテーゼを書く程度のことにすぎません。長文、あるいは一冊の本を筆で書くとなると、気が遠くなるのではないでしょうか？　どんなにスローライフがいいからといって、そこまで徹底はできないでしょう。

四節　書くことは人生の有終コース

話す、読む、書く。書いてはじめて有終の美じゃないか

人間は言葉をもち、それを用いる存在である、といいました。しかし、言葉の機能にはいくつかありますが、人生コースになぞらえると、

第一期＝第一機能が「話す」で、
第二期＝第二機能が「読む」で、
第三期＝第三機能が「書く」とみて間違いないでしょう。

もちろん、第二期に「話す」機能が消失するわけじゃありません。むしろ、「読む」機能が付け加わって強化拡大されるのです。これは、第三期に入っても同じで、「書く」機能が付け加わって、話す機能が一段と強度と繊細《せんさい》さを増す、とみなしていいでしょう。もちろん、「読む」機能を存分に発揮するトレーニングを積まないまま、書こうとすると、複雑骨折をしかねませんが。

これを逆にいうと、人間は、読まなくても・読めなくても、書かなくても・書けなくても、話します・話せます。しかし、話せないと、読めないでしょう。書けませんね。

（ただし、母国語の場合ですが。）

（まことに大げさな表現になりますが、）これを弁証法的にいいますと、書くとは、まさに人間が人間としてもっている基本能力の最高のものを修練し、修得する活動に他ならないのです。書くことに何か「崇高《すうこう》な力」が備わっているとみなしたり、書くことができる人や自分をつい誇らしく思えるのは、理由のないことではないのです。

『明暗』の夏目漱石《なつめそうせき》や『一握の砂』の石川啄木《いしかわたくぼく》のように、書いて有名になった人がいます。『性生活の智恵』の謝国権《しゃこっけん》や『頭のいい人、悪い人の話し方』の樋口裕一《ひぐちゆういち》のように書いて売れた人もいます。しかし、いずれの場合も、書いたのです。有名になった、金を儲《もう》けた以上のサムシング（何か重要なもの）をそこに見てしまうのが、人間ではないでしょうか？

プロの作家になった友人を見て、「精神が堕落した」と吐き捨てるようにいった人がいます。売れるものを書くのが「間違いだ」、「金や地位とひきかえに作家の魂を売った」というのは大いなる間違いです。しかし、この言葉に含まれた嫉妬《しっと》感情を度外視すれば、「書くこと」に対する過大な期待、書くことを特別視する人間の本性から出た言葉であることも事実でしょう。

そういう意味も込めて、書いて・書けて、はじめて人は有終の美を飾る人生最終コースをたどることができる、といささか大仰《おおぎょう》にいってみたく思います。

読む、そして書く。一人でもとことん楽しめる

今日、車で帰ってくる途中、ラジオから、パークゴルフに夢中になっている熟年女性の話が流れてきました。それも、昨日からはじめたそうで、今日は、亭主の朝食を支度するのも端折《はしょ》って、熱中しているそうです。

ゲートボールが一時大流行しました。しかしこちらは団体競技で、初心者はなかなか競技には出にくかったそうです。下手《へた》だと、メンバーの足を引っ張るだけでしょう。それに、団体行動が苦手な人は、仲間に入ること自体が難しい。

それに対してパークゴルフは、個人競技です。初心者でも、その場からすぐに競技に出ることができます。ゴルフと同じで、芝生の上を歩くのですから、健康にもいい。というわけで、一気に普及しました。

そうです。定年になってからの最大の困難は、人間関係が希薄になることです。黙っていると、すぐに一人取り残されている自分に気がつきませんか？　しかし、パークゴルフがあります。でも、もっと勧《すす》めたいのは、やはり、書くことです。これは徹頭徹尾、一人でできるのです。

ただし、書くというのは、一人の行為ですが、「作者」が登場人物の役割を全部演じ分けます。話は全部、作者と作者の対話なのです。質問と答え、恋愛感情のもつれ、政治問題に関する激論、どれもこれも、作者が自分に発して、自分で答えるドラマです。一人芝居ですね。

マカロニウエスタンの『荒野の用心棒』は、クリント・イーストウッドを一躍世界のトップスターに押し上げましたが、黒澤明監督の『用心棒』のものの見事なリメークです。「見事」さには、そのコピーとともに、ほとんど金を掛けていない、ということも入っています。マカロニウエスタンですから、イタリア製西部劇で、人件費も安いし、スケールも小さい。しかし、劇的に面白かったのは、黒澤作品の「これぞ」という場面を全部そっくりそのままコピーしているからです。

書くということは、じつは、自分一人で行なう作業なのですが、書くこと自体は全部自分が読んだもののなかから、意識的あるいは無意識的にセレクトして、コピーしたものなのです。『荒野の用心棒』のような芸当は許されないと思われるでしょうが、『吾輩は漱石である』(一九八二年刊)などという作品にだってあるのです。シナリオの単行本化で、創作ですが、漱石ばかりでなく、漱石が書いた作中人物(三四郎やお玉)までどんどん登場してきます。楽しいですよ。作者は知っていますか? 井上《いのうえ》ひさしさんです。この手で樋口一葉《ひぐちいちよう》も書いています。

翻案、改作、パロディ、書くということには何でもありなのです。それにこれがいいことは、終わりがないということです。いくら楽しんでも、果てが現れないことですね。書き尽《つ》くした、ということがないのです。司馬遼太郎さんは、気が遠くなるほどの作品を書きましたが、はたして書き尽くしたでしょうか? そうではないでしょう。

定年後にはじめて、いつまでも、存分にお楽しみなさい、ということができるわけです。

人間は死んで「書物」を残す

私の知っている新興出版社が、「地球に引っかき傷を残したい!」というキャッチコピーをつけて、新シリーズ刊行（募集）をはじめました。

「これまで書きためてきた小説や詩、今まで撮りためてきた写真、子どもたちに伝えたい自分や家族の歴史を本にして残しませんか？　柏艪舎スタッフが誠心誠意お手伝いいたします。自費出版は小部数からも受け付けております」

というのは、ちょっとストレートすぎて、もっとせこくできるのに、とは思いますが、書くとは、なんだかんだといっても、記憶から消えないように記すことです。石に刻《きざ》む、レンガに焼きつける。革を焦《こ》がす、木を彫《ほ》る、木・竹・紙に墨で書く、等々、道具や材料が違っても、自分（人間）の存念（魂）を永久に消えないようにという思いを込めて、刻みつける行為に違いありません。

人間は誰でも死にます。死の前に人間は平等です。生前どんなに名声をはせた人でも、死ぬと、そのほとんどがあっという間に記憶の外に消えてゆきます。それで、人間はさまざまな形で、自分の「偉業」（と思われるもの）を後世に残そうとします。一般的なのは墓ですね。銅像、記念碑、記念館などで、ときには死体を永久保存しようなどという試みまでなされます。「書いたもの」（記録＝書物）もその重要な一つなのです。

私は、自分が書いた膨大なものは、死後、すぐに誰の目にもとまらず、「反故《ほご》」同然になってゆく、と思っています。妻は、「あなたが書いたものは、あなたが死んでからゆっくり読ませてもらいます」といいますが、まったく信用していません。私の書いたものは、私が生きているうちに読まれたら、それでもって瞑《めい》すべし、と思っています。

でも、書いたのです。それも大量にです。誰か面白がりやの人がいて、私の書いたものでも読んでくれるチャンスがあるかもしれない、などというスケベ心もわかない、といえば嘘になるでしょう。

あなたの書いたものが、あなたの家族に、あるいはまったく関係のない人の手に残り、再読され、いつの日か誰かによって再発見されるかもしれない、という「期待」をもって書くことは、少しも不純でないと思います。それくらいの自負をもって書いて当然なのです。まあ、どんなことにも当てはまりますが、過ぎたるは及ばざるがごとしですが。

書くのは特定の人に特殊な能力を要求しない。では書いてみよう!

というように、書くとは、人間のもっとも根源的で高度な、さらには最終的な自己表現の一つです。歴史上、もっとも困難な活動の一つとみなされてきたのも当然なのです。書く人とは、読む人よりもいっそう高貴な人に属する、とみなされました。稀稀人《まれまれびと》です。

しかし、いまや、年齢・性別・経歴に関係なく、誰もが書く時代、書くことができる時代に達したのです。問題は、実際に書いてみることです。特に書くことを定年期の人に勧めたく思います。書く人と書かない人では、その人生が大きく異なるからです。充実度が異なる、と思えるからです。どうしてなのか、はこれからじっくり論じようと思います。最後までおつきあい下さい。

第一章　定年後には、読む・書くが似合う

定年後に、第二、第三の人生がある

明治維新とか敗戦のような、価値観がまったく変わるような一時代を生き抜いた人は、自分の一生が見事に二分されていることに気づかされるでしょう。

しかし、一人の人間の一生には、分水嶺となるような大事件のあるなしにかかわらず、大きな区分があります。従来は、大きくは「定年」（リタイヤ＝退職）で区切ってきました。仕事のある時期と、ない時期です。（これに、仕事の準備時期を入れることも可能ですが、仕事のない時期に入れる、というのが私の考えです。）

人生五〇年の時代、この仕事を終えた「定年後」とは、もちろん人生の一部ですが、「余生」にすぎなかったのです。「残余《レスト》」ですね。

しかし高齢社会になりました。定年（六〇歳）を過ぎても、二〇～三〇年生きるというのが、普通になったのです。人によっては、一〇〇歳を展望して生きなくてはなりません。もはや「余生」ではないでしょう。

高齢社会です。総じて、人は三つの峠がある人生を生きる、と展望されるべきではないか、というのが私の意見です。

第一の峠が、三五歳前後で、このとき自分が全力で取り組むべき仕事がはじまります。

第二が、五五歳前後で、定年後取り組むべき人生設計が決まるときです。定年後も、仕事が大きな部分を占め続けます。

第三が、六五歳です。たいていの人は、仕事を切り上げます。「余生」がはじまる、といっていいでしょう。

つまり、定年を挟んだ一〇年の生き方が、その後の生き方を決定するのです。もしこの一〇年間、峠をもたない生き方をすれば、「余生」が二〇〜三〇年続くことになります。

この五五歳からの生き方プランの中に、「書くこと」を入れてみてはいかがだろうか。きっと豊かで充実した喜びがもたらされるに違いない。というのが私の意見であり、私の周囲の観察と私自身の体験から導き出された経験則でもあります。

定年は、六〇歳から六五歳の時代に入ってきました。(親日家のドラッカーは、その「遺言」で、日本人の定年は二〇二五年までには七四歳になると予言しています。)五五歳を峠とみなすのは、定年後のプラン実行のためには準備が必要だからです。十分な準備があるなら、なおさらいいでしょう。

さあ今日から定年後だ。新しいことをはじめよう。そう自分に言い聞かせても、ほとんど何も進まないでしょう。準備がないからです。

一節　定年から書く能力が開かれる

自分の人生の蓄積をはかってみたくない？

司馬遼太郎は「自分を語ることは苦手だ」と終始いい続けました。これは「私は私小説は書けない」といっているのです。それで「人間」が登場しない小説を書きはじめ、ついで伝奇小説に向かい、その続きとして膨大な歴史小説を書き、最後に歴史紀行文を残しました。「わたくし」小説に最後まで見向きもしなかったのです。

じゃあ、司馬さんは「わたくし＝司馬」を語らなかったのでしょうか？　そんなことはありません。

司馬さんは、アメリカを旅行する際、アメリカを知るための最良の方法として、アメリカの代表的な小説を読みます。これはロシアに行くときも、アイルランドに行くときも同じでした。

アメリカの小説の中に、アメリカの歴史や風土の息づかいを見いだすことができる。これは司馬さんの流儀です。ならば、司馬さんの歴史小説の中に、司馬さんを見いだすことができないでしょうか？　そう思いつつ司馬さんの小説を読んでゆくと、どのページにも司馬さんが登場してくるのに気がつきます。もう少しいうと、司馬小説のなか以外の司馬さんは、司馬さんという名前や肉体をもっているが、司馬さんの小説の中味と比べると、何と貧相なことか、と歎息《たんそく》せざるをえないのです。もし司馬さんが小説を書かなかったなら、司馬さんは何ものでもなかったのではないでしょうか？

同じことは、あなたや私の人生についてもいえるのではないでしょうか？　あなたが何を書こうと、そのなかにあなたが現れるのです。極端にいえば、そのなかにしかあなたは現れないのです。

あなたは自分では貴重な人生を生きた、と思っているでしょう。しかし、思っているだけでは、あなたの貴重な人生は現れないのです。あなたが貴重だと思っているものは、あなた自身が書いてみることでしか、現れないのです。

特にあなた自身の人生を書く必要はありません。まったく無関係な人や物、国や文化を書いてもかまわないのです。ところが書かれたもののなかに「あなた」が現れるのです。不思議なことでしょうか？　そんなことはありません。

「歴史」とは「記録」（書かれたもの）である

『日本書紀』は日本の歴史タイプを決定づけた「歴史書」です。司馬遷の『史記』もヘロドトスの『歴史』（ヒストリアイ Historiai）も『書紀』も、まったく同じ意味で、「記録＝書かれたもの」です。「作者」が「書いたもの」で、his-story（彼の物語）なのです。客観的な事実や資料に基づく「歴史」といえども、究極的には「書かれたもの」＝「創作《フィクション》」なのです。

「歴史書」のないところに「歴史」はない、というと、妙な感じを受けませんか？　反対じゃないか。歴史（現実）があるから歴史書（現実の表現）があるにきまっている。こう思われるでしょう。しかし「歴史」はそれが書かれて、はじめて現れるのです。

私は常々、開高健《かいこうたけし》の『輝ける闇』が書かれたから、「ベトナム戦争」が歴史として残る、といってきました。第一次大戦に対するヘミングウェイの『武器よさらば』も同じでしょう。歴史（存在した歴史）と歴史書（書かれた歴史）と同じ関係です。

あなたの人生にかぎらず、それが何であれ、書かれてはじめて「存在」するのです。

正確には、存在が確認されるのです。これを逆にいうと、どんなデタラメでも、書かれると存在しはじめます。そのデタラメを消すには、書いて打ち消さないと、なかなか消えないのです。

どうです、書くということが人間にとってとてつもなく大きなことと思われたでしょうか？

書くのはハードだ。恐ろしい。しかし、貴重だ

書くことは、読むことよりも何倍もハードで主体的・能動的な行為です。とても厄介《やっかい》です。しかも、何を書こうと、そこにあなたが、あなたの本性が現れるのです。恐ろしいと思われませんか？

私のゼミ生が、ネットのサイトの文章をコピーして自分のものとしたのは、その行為だけを見れば、明らかに「盗作」や「剽窃《ひょうせつ》」の類《たぐい》です。このような、人生を、教師をなめた不心得者は、かならず同じような「不正」をやって、大きなしっぺ返しに遭《あ》う、と断言するつもりはありません。引用した文章が的確であるかどうかが、もっとも大切なことで、この学生が、「出典」を明らかにすれば、いい、としっかり教え込むことが

重要なのです。

むしろ問題なのは、この学生が、書くというハードな行為を自分に課さず、コピーですますという省力作業をしたことです。したがって、彼が書いたもののなかに、彼は登場しません。新しい発見もないのです。このコピー作業は、彼の人生に何の意味も残さなかったのです。大げさにいえば、彼は、彼の人生の一部を獲得する可能性を自ら放棄したのです。

「言行一致」といわれます。これは、「いうこととやることは違う」という実態の裏返しなのです。通常、言と行が一致するのなら、こんな言葉は生まれないでしょう。つまり、言行不一致は、多少のことなら許されるだけでなく、「嘘も方便」といわれるでしょう。

これに対して、いったん「書かれたもの」を裏切ったり、翻《ひるがえ》したりすると、大変です。恐ろしい目に遭います。

私は、二〇代、マルクス主義の立場で政治活動をし、三〇～四〇代にかけて、その延長線上でマルクス主義の理論的・思想的著作を数点出しています。私自身では、革命の思想・理論家たろうとしていました。ところが、三〇代の半ばに、自分の思想・理論的な誤りを覚りました。しかし、その誤りを正すのは、簡単ではなかったのです。自分の古い立場を否定し、新しい立場を展開する著作を書いて、出さなければならなかったからです。

もちろん、転向者とか裏切り者とかの批判を覚悟しなくてはなりません。怖《こわ》いことですし、厄介な立場に自分を追い込むことでもありました。

書くということは、訂正困難な場所に自分を追い込むことでもあります。これを逆にいえば、書いてはじめて、自分の誤った古い判断に決着をつけることができるのです。これは困難で恐ろしいことですが、貴重だと思いませんか？　否も応もなく、自分の実態を表現することなのですから。

二節　半生の人生を書けば、後半生の人生が開ける

「自分」を書いてみよう

人は、何を書いても、書くという行為のなかに、書いたもののなかに、自分が現れる。

むしろ「自分」の自画像を描こうとすると、「似て非なるもの」が生まれる、といいました。ナルシズム（うぬぼれ）と露悪趣味（自己卑下《ひげ》）、つまりはコンプレックス（優越感と劣等感）の間に位置する「自分」を書くことになるからです。

しかし、まずは「自分」を書いてみることを勧めたいと思います。

一つは、やはり「自分」を知る（と思える）のは、他の誰でもない、自分だからです。材料（データ）も豊富でしょう。

二つは、人はなによりも自分に関心があるからです。自分を語るのが苦手だ、自分は語るべきものをもっていない、と司馬さんはいいますが、自分に無関心だからではありません。逆ですね。それに、『司馬遼太郎が考えたこと』全一五巻にまとめられたエッセイ集の過半は、司馬さん自身を語っている、といっていいでしょう。全一五巻ですよ！　驚くべき量です。自己記述です。

三つは、書き尽《つ》くすことができないほど奥が深いからです。自分に関しては、書いてみるとわかりますが、簡単に割り切れません。どんなに稠密《ちゅうみつ》に描こうとしても、あるいは精密に描こうとすればするほど、何か大事なものが書かれていない、という感を拭《ぬぐ》い去ることができないのです。

材料が豊富で、他のなによりも関心があり熱中できて、しかも書き尽くすことができない対象を書く、というのは何と魅力的なことではないでしょうか？

それに、自分を書くと、自分に足りないものが判明するのです。その不足を少しでもカバーできたら、もっといい人生を送ることができたに違いない。これからでも遅くない。その不足を補ってみよう。こういう気持ちがわくのではないでしょうか？「不足」（不満）は「充足」（期待）と重なっているのです。ウォント（want）で、欲望ですが、不足と充足の両義があります。

書くとは、過去の発見、記憶の喚起《かんき》であり、未来の発見、想像の喚起でもあるのです。つまり、自分の過去を書けば、未来の人生が見えてくる、ということでしょう。定年前の自分を書けば、定年後の自分が見えてくる。こう思って下さい。

「自分」以外を書いてみよう

「自分」を書くのは難しい、ということも事実です。自分を書くことを勧めた理由を裏返してみれば、納得されるでしょう。

Aを描けば、それを否定する非Aのデータが無数に出てきます。関心がありすぎるものを書くのは、冷静さに欠けるから、難しい。書き尽くすことができない対象を書くのは簡単じゃないでしょう。それに、誰しも自分の不足を洗いざらい出そうとすることには、躊躇《ちゅうちょ》せざるをえません。

だから「自分」を書くな、といいたいのではありません。

「自分」は、自分以外の何ものかを書いた場合のほうが、如実《にょじつ》に出てくる、といっていいでしょう。「如実に」とはナチョラルということで、「おのずと」と同じです。

それに、他者を、世界を書こうとすると、データを集め、それらを取捨選択し、編成するのに多くの労力を使わなくてはなりません。勉強（スタディ）が必要なわけです。それによって、自分の内部世界にいままでなかったものが蓄積されてゆきます。「自分」が豊かになるでしょう。

「自分が豊かになる」ということは、人間の根源的な喜びの一つです。経済的な豊かさは、大きな喜びですが、消費すればその分減《げん》じてゆきます。しかし、知的豊かさは、消費すればするほど、蓄積され、豊かさが増してゆく、したがって喜びも大きくなる、ということを了解されるでしょう。

自分以外を書くということは、とりもなおさず自力をつけることであり、未来の自分を準備することでもあるのです。しかも喜びが増すのですから、何とも素敵じゃないですか。

ただし、はっきりした間違いや、虚言や誇大を書き連ねた場合は、当然その報いが来ます。書くということは、証拠のある筋の通った書き方をしなければならないのです。論拠と書くマナーが必要なのですね。このような書く力は、もちろん、書くトレーニングなしには身につきません。

「ありそうもないこと」を書いてみよう

書くには論拠が必要だ、といいました。しかし、根拠（ground）や典拠（authority）のないことを書いてはならない、というわけではありません。

「空想科学小説」（science fiction）というジャンルがあります。ＳＦ（エスエフ）です。三〇年前までは、差別待遇を受けて、小説の仲間に入れてもらえなかったジャンルです。端的には、ＳＦというと、直木賞の選考対象から外されたのです。詳しくは筒井康隆《つついやすたか》の『大いなる助走』をお読み下さい。

ＳＦとは何か（定義）は、時代の変化とともに変わっています。とりあえずは、「Ｓ

Fとは、われわれの知る世界にはおこりえない状況、しかし人類のものと地球外文化のものとを問わず、科学や技術、あるいは擬似科学や擬似技術のなんらかの革新を基礎として仮想された状況を扱う散文物語」（キングズリー・エイミス）を援用《えんよう》しておけば十分でしょう（『日本大百科全書』参照）。描かれるのは、「仮想された状況」ですから、ありそうもないことです。論拠や典拠があっては、SFになりません。

もっとも、小説とは、どんなに事実に基づいていても、「フィクション」です。「嘘」（虚構）でしょう。SFは、もっともフィクションらしいフィクションなのです。「嘘」「本当」は書きにくいが、「嘘」ならいくらでも書ける。こう思っている人がいるのではないでしょうか？　しかし、嘘は書きにくいのですよ。SFも、どんなに荒唐無稽《こうとうむけい》なものに思えても、科学や技術の革新で、「仮想」が「現実」に転化してしまうのです。SFの困難は、どんなに遠い未来の不可能事を描いても、すぐに現実に追い越され、SFでなくなることです。

SF作家の荒巻義雄《あらまきよしお》は『紺碧の艦隊』というベストセラーを書きました。荒巻さんは、未来空想小説ではなく、過去空想小説（とでも呼ぶべきもの）を書くのです。時代を近過去（第二次世界大戦中）に設定し、現在実現してしまった科学技術を援用して、未来歴史＝空想科学小説を描くのです。これなら、科学技術は古くさくならず、過去を再解釈し直す科学小説の体裁を保つことができます。じつに賢いやり方だと思いませんか？ＳＦが現実に追い越されるのを防止できるからです。

ありそうもないことを、ありそうな論拠で固め、構成をしっかり保ち、筋道を通して書くことで、書く醍醐《だいごみ》味を存分に味わうことができます。何を、どのように書いてもいい小説が、書くことの王座に君臨している意味がわかろうというものです。

三節　自分にしか書けないものを、書くことができる

何を書いても、共通のルールに則って書く

書くとは、「ないもの」を「あるもの」にすることです。創造であり、創作です。小説だけが創作なのではありません。

もちろん、日本語（言葉）で書くのですから、デタラメを書いてもいいが、デタラメに書いたら「作品」（work；product）になりません。不良品です。破棄される運命にあ

ります。

というのも、日本語（言葉）にはルール（規範）があります。文法（マナー）ですね。その規範に則《のっと》らなければ、書いたものは作品にはならないわけです。これはすべての作品（産物）に共通することです。共通の技術やルールや行程に基づいて、はじめて規格にあったもの、使用可能なものができるのです。

書くことは、靴を制作することより、可塑的《かそてき》で自由だと思われるでしょう。しかし、言葉で書くのです。言葉は共通規範であり、私にも、あなたにも、誰にでも共通の伝達可能なものでなくてはなりません。この共通マナーを守らずに書かれたものは、作品以前のものです。どんなにすばらしいテーマをもち、素材に満ち、書く人が魅力的でも、創作に値しません。失格です。

それに、書くことには、文法（共同規範）以外の、共通に守らなければならないマナーがあります。たとえば、小説の原稿は縦書きです。どんなに横書きが好きだからといっても、一般には通用しません。もっとも、かつてパソコン原稿は却下されましたが、現在では、パソコン原稿以外は却下される、というように、このマナーは不動のものではありません。横書き原稿だけでなく、横書きの小説本が現れはじめました。

文節のはじめは一字下げる。学術論文では、引用や参照文献はかならず明示する。パソコン原稿用紙は罫線のないA４の大きさのものがいい。等々、守らなければならないマナーから、守ったほうがいいマナーまでかなりの数に上ります。

ま、これらは初歩的な決まりですから、マナーを覚え、守ったほうがいいに決まっています。ルールには縛《しば》られたくはない、個性を通す、などというのはここでは通りません。個性は別なところで発揮すればいいのです。

同じテーマでも、書き方は無数にある

言葉には共通のルールがあり、書くことにもルールがある。面倒くさい、それに、そんな規範＝鋳型《いがた》に従っていたら、画一的で非個性的な文章しか書けないではないか、と思われるでしょう。そんなことはないのです。

言葉には、共通に従うべきルールが決まっているからこそ、各人が自在に書いて、自分の意想を表現し、多くの人に伝えることができるのです。書いたものが個性的で創造的なことと、書く行為にはしっかりしたルールがあることとは、少しも矛盾しないのです。

たとえば、原敬《はらたかし》です。原の書き方は、およそ、無数にある、といってもいいでしょう。原という対象物に書くべきテーマがたくさんあるからです。その一つ一つのテーマに応じた書き方がいくつもあります。

たとえば「平民宰相」をテーマにするとしましょう。原は盛岡藩の家老職の家に生まれたのですから、歴代宰相より、旧身分上ではずっと上だったのです。それゆえか、原は政敵山県有朋《やまがたありとも》をはじめとした藩閥《ばつ》（下級武士）出身者たちを心の中ではひどく軽蔑していたそうです。それに「平民」といっても、原は生前も、死後も、爵位《しゃくい》の内証を得ますが、断っているのです。ぽっと出の華族などしゃらくさい、と思っていたのでしょう。少しも平民宰相らしくない、と思われませんか？

それに、原は衆議院で絶対多数を握り、専横政治を断行しました。他方、軍部と対抗し、その政治介入を防ぎ、参政権の拡大を図って、大正デモクラシーの総仕上げをしようとしました。官僚エリートの養成校であった東大閥支配を抑えるために、私立大学にも帝国大学と同じ資格を与え、旧制高校を第八高等学校までのナンバースクールから一挙に拡大しました。（ちなみに、高校卒業者数と大学の定員数は同じでした。）

原だけではないでしょう。一個の人間を書こうと思えば、無数のテーマを抽出《ちゅうしゅつ》できます。そのテーマを書くやり方も、幾通りも可能です。つまり、書く対象が同じでも、書かれたものは同じではない、ということでしょう。同じではないことに、その書き手の個性があるということでしょう。

もっとも、自分では新発見だ、個性的な作品になった、と思える仕上がりになっても、それが別な人によってすでに書かれてしまっていたのでは、何にもなりません。そんな他作の存在は知らなかった、ではすまされません。非個性的なたんなるコピーとみなされるのならまだいいでしょう。多少ともまともな作品なら、剽窃《ひょうせつ》や盗作の類とみなされかねません。

何を書いても、自分が書くのだ！　自分を書くのだ！

自分が書いた、自分の作品だ、と認められるためには、その対象について、そのテーマについて、すでに類似の作品があるかどうか、をあらかじめ知る必要があると思われませんか？

個性的な作品を書くためには、関連の研究文献を調べる必要がある、ということが了解できるでしょう。私は、剽窃するつもりも、盗作するつもりもなかった。土台、私以前に私と同じ見解を発表しているなどとは、知らなかった。こう弁解しても、許されないのです。（もっとも、無名な人間が書いた、ほとんど流通しない作品は、盗作や剽窃で難じられることはほとんどない。有名作家の場合は、ある。必ずある、と思っていいでしょう。）

ものを書くのには、特許申請のように、事前精査がありません。書かれたものはすでに発表されたものです。したがって、事前チェックされないから、「無知」は誤り、ときに、罪になるのです。

とはいえ、どんなに似ていても、Aが書いたものと、Bが書いたものは、違います。たとえば、モンテーニュの『エセー』は、そのほとんどが、ギリシアとローマの作家たちの作品から引用してできあがっています。じゃあ、『エセー』は剽窃なのでしょうか？　ギリシアやローマの諸家のコピー集にすぎないのでしょうか？　まったく違います。

『エセー』は、引用集ですが、個性ある独創的な作品です。まさにモンテーニュだけにしか引用する＝書くことのできなかった作品です。なによりもそこにモンテーニュ自身の思考や判断が息づいています。そのことが如実にわかるのです。

対象を調べるだけでなく、対象に関する文献も精査して、存分に書いてみましょう。そのとき、何を書いても、どのように書いても、あなたの書いたものになるでしょう。あなた自身を書いたことになるでしょう。

自分を書く、自分が書くということが、難しいと感じますか？　どんなに難しいと感じても、自分が書くのだし、自分を書くのです。心躍《おど》ることと思えませんか？

第二章

定年後に、充実した人生を迎えるために、書いてみよう

書くとは「余生」の生き方ではない

多くの人が書くようになりました。読むことと書くこととの差が歴然としなくなりました。しかし、書くのはハードです。読むことの数十倍のエネルギーが必要です。労力と、とりわけ、時間を要します。

廣瀬誠《ひろせまこと》さんは、私より一回り若いが、二〇年を超える古い友人です。一〇代から小説を書きはじめ、すばらしい作品をたくさん書いてきました。とはいえ、評価にほとんど恵まれることなく、いまは定職をもって生きています。それも忙しい。

私が月刊文芸誌『北方文芸』の編集に携わっているときのことです。ときに予定していた原稿のできが悪く、どうしても掲載をパスしなければならない場合がありました。そういうとき、すぐに頭に浮かぶのは、廣瀬さんのことです。電話で、あるいは、直接会って、原稿を依頼するのです。最短締め切りが五日というのもありました。その無理な注文に、廣瀬さんはことごとく応えてくれました。しかも、原稿の仕上がりもいいのです。いつも締め切り日の刻限ぎりぎりに、廣瀬さんは真っ白な顔をして、指定枚数通りのパソコンで打ち込んだ原稿を持参してくれました。昼仕事をして、徹夜で書いてきた跡が、歴然と残っているのです。

廣瀬さんのような物書きは、そんじょそこいらにいるわけではありません。しかも、書いたからといって、稿料が出るわけではありません。ただ、書きたい。書いたものが活字になって、読まれたい。そういう強い想いだけが廣瀬さんを促している（ような）のです。

廣瀬さんのようなケースは例外です。書くのにはエネルギーが必要なのです。とても「余生」の心持ちでは、手に余るのです。

激務の人にかぎって、現役を退いて、暇になったら、小説でも書きたい、というのを何度か聞いたことがあります。暇になって、ゆったりしたら、可能なかぎり時間をかけて、自分の経験したこと、望んだが果たされなかったことなどを、心おきなく書いてみたい、というわけです。

でも、こういう人が、小説を書いた、という話をついぞ聞いたことはありません。逆の話なら、何度も聞きましたが。

現役のとき、書くことにエネルギーを注がなかった人は、退職後、書けない、書けなくて当然だ、などといいたいのではありません。書くには、相応以上のエネルギーが必要だ、といいたいのです。総じていえば、激務に等しいような「労働」なのです。肉体的にも、精神的にもです。

最近、こんな経験をしました。高校の校長で、バイタリティに富んだ人にお会いしました。頭脳労働をすると、特に書くと、お腹が空《す》く、といったところ、まさか、という顔をされたのです。もちろん、物質的な根拠もあるのです。

人間の血液は栄養分を全身に運びます。その血液の四分の一が頭にあるのです。頭を使うと血液を使います。猛烈に使うと、栄養分を頭が猛烈に要求し吸収します。結果、胃が新しい栄養物＝補給物を要求して、悲鳴を上げるのです。卑俗にいえば、こういうことです。実際、哲学者の西田幾多郎は、自分がさして体を動かさないのに、大食漢であることを恥じています。恥じる必要はないのに、と私なら同情を禁じえません。

定年後、書こうと思えば、新しい仕事に就《つ》くのと同じような心構えが必要だ、ということです。

一節　書くとは、新しい人生を生きることだ

「書かれたもの」は「現実」とは違うって？

「書かれたもの」と「現実」とは違います。それは、書かれたものは根無し草で、吹けば飛《と》ぶようなものにすぎない、ということではありません。

たんに私たちの目の前にあるもの、私たちが経験したものは、「現実」(reality)ではありません。それらは、そのままでは捉えどころのない「空漠たるもの」にすぎません。どんなに切迫したものに思えるものでも、「恐ろし気なもの」なのです。「空気」(アトモスフェール　atmosphere)ですね。

もちろんこの「空気」(ペネウマ　pneuma＝人間に生命を与える原理　ニューマ　neuma〔ラテン語〕＝息)は、生命＝生きとし生けるものを根底から動かす盲目的な力として働くと、恐ろしい力を発揮します。ただし空気の本体は、やはり「言葉」です。「煽動」や「流言蜚語《ひご》」もその一つでしょう。

言葉で捉えられ、書かれないと、実在するように思えるものでも、まだ主観（恣意《しい》）に左右されない強固な力をもつリアリティを獲得できないのです。「現実」ではないということです。

たんに記憶していると思えるにすぎないものと、記憶を取り出し、精製し、それをきちんと書き留《とど》めたものとを比較してみましょう。

書き記せたものだけが、その人の厳密な意味での記憶なのです。そんな、と思われるでしょう。私の記憶を、過去を書こうとしたが、まだ書き記すことのできない、言葉では表現不能の貴重なものがある。こう思いたいでしょう。残念ながら、あなたが、書き記せたものだけが、あなたの真実の記憶なのです。

『日本書紀』は、天皇家、特に天武《てんむ》や持統《じとう》の事績を合理化する、歴史の捏造物《ねつぞうぶつ》だ、ということはできます。しかし、残念ながら、『日本書紀』はすでに書かれてしまったのです。私たちは、その不備や誤謬《ごびゅう》を正すことはできても、『日本書紀』のリアリティをついに崩すことはできない、と思われます。

書かれたものが即現実である、といいたいのではありません。『日本書紀』を超える歴史はまだ書かれていない、ということなのです。八世紀までの日本の歴史を書こうと思えば、『日本書紀』に登場する人物、地名、事跡、外国との交渉、等々を引き写して書かなければならないのです。たとえば、聖徳太子《しょうとくたいし》は実在した人物ではない、ということを実証するためには、とてつもない作業が必要になるのです。その両親、子ども、親類縁者も全部存在しないことになるからです。聖徳太子非実在説はたくさん書かれていますが、決定版はまだ書かれていません。それに、「実在しないもの」を、非実在物であると証明するのは、とてつもなく難しいのです。

『日本書紀』の記述を無視して、リアリティのある歴史を書くことはできません。事実、まだ書かれていません。

『日本書紀』のような壮大なケースを持ち出す必要はありません。書かれなかったものは、誰かがそれを記し留めるまでは、存在しないのです。書かれなかったものは、跡形もなく消えてゆきます。王朝や英雄の存在だけでなく、この私の一生についても同じです。

どうせすべては消えてゆく。そう思えたら楽ですね。でも、そうではないでしょう。記録に留められたものだけが、記憶され、残ってゆくのです。どれだけのすぐれた貴重なものが、記し留められなかったばっかりに、消えていったことでしょう。

私は、自然が破壊され、貴重な生物種や鉱物がこの地球上から消えてゆく、ということに、世の中が騒ぐほどの哀惜《あいせき》の念をもつことができません。私の家の犬が死んだら悲しいが、隣町の知らない家の犬が死んでも、特に悲しみがわかないのと似ています。というのも、無数の種が生まれ、滅びていったのです。生々流転、生者必滅は世の習いでしょう。発生したものは死滅するのです。ヘーゲルにいわれるまでもなく、それが必然ですが、旧種の死滅は新種の誕生を用意するのです。これが弁証法の神髄でしょう。

自然の個々のものは死滅します。しかし、それらは記し留められると、永遠に生きるチャンスを得ることができます。永遠の生、すなわち「魂」を与えられるのです。書くとは、かくもすばらしいことなのです。永遠に参入する行為だからです。

本の中でこそ、自分の人生を発見・再発見することができる

最近も、本など机上の空論にすぎない。頭でっかちの戯言《ざれごと》の類に過ぎない。屁理屈《へりくつ》だ。こういうことを堂々という人に出会いました。

もちろん、本など一行も読まなくたって、生きてゆくことは可能です。立派に生きてゆくことだってできるでしょう。しかし、そういう人は「本」に無関心でしょうが、本

に記し留められたものが、机上の空論にすぎない、実際には何の役にも立たない、とはいわないでしょう。思わないに違いありません。

すでに記したように、最近、黒澤明監督の映画『七人の侍』を「原作」にしたアニメ『SAMURAI7』を見ました。これが驚いたことに、原作よりおもしろいだけでなく、奥が深いのです。そのなかでもビックリしたのは、マキャベッリの『君主論』が見事に援用されていることでした。援用はたんにセリフだけのことではありません。権力構造の具体事例をどう見せるのかという点でも、このアニメの権力論が黒澤明の権力論よりシャープでふくらみがあるのも、当然と思えました。

このアニメが、面白いだけでなく、実在する権力を具体的に私たちに理解可能なものに近づけることができたのも、『君主論』の存在なしには、不可能だったでしょう。

これとは逆に、「言葉」が不正確で、不適切だと、事柄のリアリティがどんどん失われていきます。

よい例が、二〇〇四年の衆議院選挙戦で飛び交っていた言葉です。たとえば、「刺客」です。郵政民営化に反対票を投じた自民党議員に、自民党（本部）が公認を与えず、党は郵政民営化賛成の候補を公認しました。自民党が郵政民営化を「党是《とうぜ》」（党が実現すべき根本政策）として選挙戦を戦おうというのですから、これは公党として当然の処置でしょう。

ところが党公認の候補を「刺客」と呼ぶのです。刺客とは「暗殺者」の漢語的表現でしょう。暗殺者が白昼堂々、民主選挙を戦うというのは、まったく笑い話にもなりません。身を隠してこそ、暗殺の真意を隠しおおせてこその暗殺者でしょう。

もちろん、こういう言葉の誤用は、選挙戦を「劇場化」して、聴視者の注目を引こうとするマスコミの常套《じょうとう》手段です。しかし、政治家が、ましてや選挙民が、その言葉に寄りかかって、選挙戦を戦ったらどうします。見えるべきものがまったく見えなくなってしまうでしょう。選挙戦で賭《か》けられているもののリアリティを見失って当然でしょう。

言葉は、当然ですが、個人のなかに自然とわき出てくるものではありません。両親や周囲から教わるものを土台にしていますが、学校や本で学び、覚え、使って、磨いてゆく他ないのです。学校で学ぶといっても、基本的には本を通してでしょう。

私は、大した本を読んでこなかったし、その読んだ大部分も忘却の彼方に去ってしまっていますが、本を読まなかったら、いまの私はなかった、まったくの別物になっていた、と思います。思いますではなく、はっきりと、教師にも、物書きにもならなかった、と断言できます。

もちろん本を読んだばかりに、迷い道（マルクス主義）に足を踏み入れ、二〇年間近く悪戦苦闘を強いられました。しかし、この迷い道から私が脱出できたのも、やはり書物を通してでした。そして、私を迷い道に誘った書物群を読み直し、その欠陥を摘出し、それらに代わるべき書物群を確保し、自分が則るべき新しい道を明らかにしました。正確には、したように思います。

こういう点で、私は、本のなかに自分が進むべき道を発見した、本がなければ発見できなかった、というわけです。

書いて、はじめて自分の人生を発見・再発見する

本がそんなに大事なのも、みんなおまえの仕事が特殊だからだ。教師や物書きという仕事を専業にしているからだ。こういう反論が返ってくるでしょう。そうでしょうか？

たしかに、本を読まなかったら、私は文学部を選ばなかったでしょう。本を読まなかったら、哲学科を選ばなかったでしょう。カントやヘーゲルの本を読まなかったら、学生運動くらいはしたかもしれませんが、マルクスやレーニンの本を読み、マルクス主

義者になろうとはしなかったでしょう。谷沢永一先生の本に出会わなかったなら、社会主義の衰退に押される形があっても、マルクス主義を棄てきれず、私の友人たちがたどったように、ずるずると部分的内容変更ですませていったでしょう。

しかし、私と同じ本を読んだ人が、哲学科を選び、カントを読み、マルクスを読んで、マルクス主義者になったかというと、そんなことはないでしょう。「読む」という行為は、能動的、主体的なのです。本に書いてあることは同じでも、読み取るところは読む人によって、異なるのです。まったく正反対の読解だって可能なのです。読むとは「発見」なのです。本を読みましたが、そこから発見したのは、私です。あなたなら、違ったものを発見するでしょう。

読むことは、発見です。しかし、どうしても他人（著者）の褌《ふんどし》を借りている、という感を否めません。「人の褌で相撲《すもう》をとる」は「他人のものをうまく借用したりそのやる事に便乗したりして、自分の利益を図る」（『新明解国語辞典』）とあります。「読む」は「借用」なのです。

私は、先述したように、三〇代の半ばに、マルクス主義の理論的錯誤を確認しました。そのとき、キッパリとマルクス主義を棄てることもできたのです。しかし、すでに私は、マルクス主義の立場に立って、著書を執筆していました。マルクス主義者としての人生を歩む、と公言していたのです。それも、訂正困難な公言です。著書を出すとは、そういうことです。大衆小説を書いたのに、私は大衆小説家ではない、純文学者だ、というのは遁辞《とんじ》にすぎません。

したがって、私のマルクス主義者としての態度は、非常に複雑なものになりました。一方では、マルクス主義の理論的エキスを、それを除けばマルクス主義ではないという要素を徹底的に洗い出すことです。この観点から私が書いたものは、一見して、マルクス主義の擁護《ようご》でした。他方では、マルクス主義の根本的誤りを洗い出し、それに代わるものを対置する作業をはじめました。一見して、マルクス主義の清算です。この作業は遅々としたものでした。でも、約一〇年を経て、ようやく、まったく相容《あいい》れないと思えたマルクス主義の擁護と清算が、同じ作業のメダルの表裏であるというところまで達することができました。

つまり、マルクス主義の誤りのあれこれではなく、マルクス主義の根本要素が誤っており、人間とその社会を悲惨に導く根本要素である、ということを理論的に明らかにすることが可能になったのです。

一、私有財産制＝資本主義の否定↓共産制＝社会主義の実現
一、資本主義＝貧困の拡大と不平等↓社会主義＝貧困の撲滅《ぼくめつ》と平等
一、民主主義＝多数決の否定↓プロレタリア階級の歴史的使命＝プロレタリアの独裁
一、民主主義＝エゴイズム＝一部の自由↓社会主義＝ヒューマニズム＝全体の自由
一、資本主義＝戦争システムの否定↓社会主義＝革命戦争＝戦争の廃止のための戦争
一、宗教の廃止↓科学的社会主義

ここにマルクス主義理論の基本的な要素を取り出しましたが、これを一つ一つ逆転させてゆくのです。

たとえば、私有財産制がなくなれば、個人の自由は、国家（権力）によっていつでも・どこでも簡単に奪われる。理論的にそうであるだけでなく、現実の社会主義がそうだった。あるいは、社会主義は、その発生から崩壊まで、終始、戦争国家である。戦争を生む原因である。それはソビエト社会主義が世界を征服するまで続く。また科学的社会主義を標榜したマルクス主義思想は、国家宗教に他ならない。等々です。

かつて自分が信奉し、展開した議論をことごとくひっくり返してゆくのは、そんなに気持ちのいいものではありません。しかし、ここには理論の正否がかかっているだけで

なく、私の人生も賭けられているのです。自己回心（セルフ・コンバージョン）です。必死にならざるをえません。

私は書くことによって、自分の道を決め、再び書くことによって、自己選択した人生を破棄し、新しい道を再発見しました。もし書くということがなければ、私は、多少にかかわらず、揺れ続けていたに違いありません。

本を読み、書くと、こういう類の回心（conversion）が生じます。教師やプロの物書きばかりじゃありません。誰にでも生じる、というのが私の考えです。

二節　バカじゃ書けない。しかし、バカにならなければ書けない

書くことは、もっともハードな活動の一つだ

私が最初の一冊を書いたのは、三二歳の時で、三三歳になってすぐ、出版されました。『ヘーゲル「法哲学」研究序論』（一九七五年刊）で、私にとってもっとも思い出深い一冊です。

それまでに発表した、修士論文、日本哲学会での発表、文学部の紀要論文、雑誌論文等を下敷きにしたとはいえ、初めての書き下ろしです。それも四六〇枚です。起稿から脱稿まで約半年かかりました。夏休みの二カ月半、家族を実家に帰して、全精力を執筆に費やしました。その間、夜もほとんど熟睡できないという興奮状態でした。ようやく秋口に書き上げて、原稿を整理し、出版社に送りましたが、興奮状態はまったくおさまらず、しかも、脱力感がやってきたのです。

私は、体力だけは人一倍ある、と自負していましたが、一夏を越えた私の体力は、ガス欠になった車のように、蹴飛《けと》ばしても叩いても、自分では動こうとしない無力状態になりました。他方、頭のほうはぎんぎんに煮えたぎっているのです。自家発動できるようになった体力と、自動制御装置が作動してクールな頭を取り戻すことができたのは、約半年後ではなかったでしょうか。

書くことは、体力勝負です。それも、一字一字書いてゆくのです。一字や一枚書くのはさほどではありません。しかし、絶対に飛躍できないのです。どんなに頑張ったからって、一日で一冊書くのは、書くだけでも不可能です。一冊三〇〇枚×四〇〇字＝一二万字です。とてつもない字数だと思いませんか？

作家の丹羽文雄《にわふみお》さんは、頭が冴えてくると、わき出る言葉のスピードに手が追いつかず、升目《ますめ》に、「、」「、」「、」、と打ち込んでしまうことがよくあったそうです。これじゃあ、活字にできないでしょう。だから、どんなに頭が冴えて言葉が次から次に飛んで出てこようが、書く速度が速かろうが、升目に一字一字埋め込んでゆく作業が書くことなのです。その果てに、「脱稿」があるのです。しかし、「脱稿」は「完成」ではありません。一冊できあがるまでの旅程からいうと、道半ばに達したというところでしょう。

肉体は脱力し、精神は興奮が続いてエクスタシー（混濁状態）に陥りました。この回復には半年を要したのです。こんなハードなことを二度とやりたくない、と思ったでしょうか？　まったく逆なのです。

私の肉体も精神も、極度の緊張状態に長期間さらされましたが、その結果、強度を増したのです。それればかりではありません。自分でいうのもなんですが、精度を増したように思われます。そして、よかったことに、自分でも書ける、という自信がつきました。そして、なによりも、細々としたものであれ、大学卒業以来の研究成果を吐き出し、ものにした、という達成感を味わったことです。

出版社から送られてきた小包みを解き、緑色のハードカバーの本を取り出し、そこに自分の名を認めたとき、何ともいえないうれしさがこみ上げてきました。酒の飲めない妻と乾杯したのではなかったでしょうか。一年がかりの仕事の労苦が、この瞬間、いっぺんに吹っ飛びました。

非常に大げさにいえば、この一冊を手に取ったとき、自分の背丈が頭一つだけ伸びたような感じをもちました。うぬぼれとは違うと思います。落ち着いて周りを丁寧《ていねい》に見ることができるようになったからです。自分も多少の「足場」をもちえた、という実感からでしょう。

それに、この本の出版とともに、私にもようやく「定職」が与えられました。大学を卒業してちょうど一〇年目のことです。忘れることのできない年になったのも当然です。

自分が書く。他のだれも肩代わりできない

書くことは、肉体と精神の両方にわたって、どんなにハードな行為でも、しかし、快感をもたらします。正確には自己解放感です。たんなる解放感ではなく、「自己」解放感です。どういうことでしょう。

一人の人間が一生のうちに家を建てることは、何度もないでしょう。私たち夫婦は、

五度、家を「購入」しました。こんなに多くなったのは、移転が続いたからです。「購入」にカギカッコをつけたのは、実家に戻って、大改造をしたのも含んでいるからです。二人とも、家を建てることに情熱をかけるタイプではなく、家族が住む広さと、私のスタディが確保されれば、よろしい、という考えでした。ただし、住む景観には敏感でした。それで、ほとんどは人間のいない田舎というか過疎地住まいを続けてきたのです。

私たちの趣味ではありませんが、家を建てるのは、その設計から、施工、完成、そして手直しに至るまで、非常に厄介です。だが、とても人を惹《ひ》きつけるものであることはよくわかります。

自分が住むのです。そこが終生の住まいになるやもしれないのです。少なくともそういう気持ちで家を建てるでしょう。しかも、巨額な資金を投じるのです。だから、隅から隅まで自分たちの意思を通したい。これが本音でしょう。ところが、設計するのは自分であっても、家を建てるのは自分ではありません。仕上がるまで、何度、大工さんと衝突するでしょう。それでも、自分が立てたプランが実現します。資金面のことがあるから、最初に思い描いたものとは違ったものになるでしょうが、他の誰でもない自分が立てたプランであり、自分が資金調達し、自分が住むのです。熱中して当然でしょう。

完成した家に愛着を感じないわけにはゆかないでしょう。

他方、一軒家を建てると、夫婦のうちどちらかが体調を崩す、といわれますが、自分が設計し、自分が資金を出し、自分が住むのですから、ストレスがたまって当然でしょう。

書くということも、同じようにストレスがたまります。家を建てるより、徹底しているので、いっそうストレスがたまるでしょう。

テーマも、構成も自分で決めるのです。書くのはもちろん自分です。他の誰も手伝ってくれません。編集者と接触するのも自分です。本ができあがったら、それで終わりではありません。販売にも力を尽くして当然でしょう。これらすべてが、著者本人に負荷されるのです。

しかし、家を建てるのとは違う醍醐味が、書くことにはあります。自分が、自分だけが書くからです。「書くこと」と主題、構成（ときに編集）、結論とは、同じ一つの作業なのです。編集、構成、出版、販売は、他に任せることができますが、書くことだけは誰にも任すことはできません。（ここで、ゴーストライターのことはおきます。ただし、一つ断っておけば、ゴーストライターは著者ではありません。著者に成り代わって書いたのです。ときに、ゴーストライターが、自分が書いた本当の著者である、と名乗り出る場合がありますが、明らかにルール違反です。たとえ一〇〇パーセント、何から何まで、「著者」の手を煩《わずら》わさずに書いたとしても、ゴーストライターは著者ではありません。）

家を建てるのと本を書くのとの違いは、もう一つあります。建てられた家は、本人が住みます。書かれた本は、本人の手から離れ、読者のものになります。この違いは重要です。

家を建てて生じた負荷は、一部は消えます。住む満足や喜びが負荷を完全に上回るからです。しかし、一部は住むことによって生じる不便や不満によって、負荷は蓄積されてゆきます。

これに対して、書くときに生じた膨大な負荷は、書き終わったとき、本が出たとき、完全に消えます。たしかに、出た本が不評だったり、決定的なミスを含んでいる場合、負荷はかかります。ただし、書き手たるもの、その負荷やクレームは、次に書くエネルギーの一部に転化することで、解消すべきでしょう。

自分で書く、他の誰も代替できない作業というのは、自己責任を帯びますが、その自己責任を負うこともまた、書くことの悦《よろこ》びなのです。

誰が書いても同じ、どんなに愚かなことを書いても責任を帯びない、そんな気楽な著述は、負荷も帯びないかわりに、解放感も喜びももたらさない、といっていいでしょう。


書くとは、ピラミッドの石をおいてゆくのと同じ作業だ。しかし重要なのは全体を表す＝貫くワン・フレーズなのだ

「書くこと」とは、一字一字を積み上げてゆくことです。それも尋常な量の積み上げ作業ではありません。これが嫌いな人に、書くことは絶対無理です。

したがって、書くことが嫌いな人に、レポートを五〇枚も、一〇〇枚も出す教師や上司は、大バカ者です。ただの嫌がらせをやっているにすぎません。ところが書くのが嫌というか苦手な人にかぎって、レポートを課すと、長い、ただただ長いものを書いてくるのです。レンガを積み上げるというか、並べるにすぎない、脈絡のない文章がえんえんとつながっているだけなのです。こんなものを読まされるほうがかないません。読んでもなんの益もそこから引き出せないのです。

「私、短い文章なら書けます。エッセイは得意なのです」こういう人が書いたエッセイを見せてもらいます。なるほどうまい。では、「郵政民営化」で三枚書いて下さい、というと、「そんなの書けない」というのです。関心がないからだそうです。

「関心がなくても、書いてごらんなさい」というと、書いてきましたが、要するに、郵政民営化はどういうことなのか、自分にはわからない、関心もない、という趣旨のものでした。

ミステリーの女王といわれるアガサ・クリスティーの推理小説に、ご存じミス・マープルものがあります。この田舎の老婦人は、特に経済や政治に造詣《ぞうけい》が深いわけでも、関心があるわけでもありません。だが、マープルは、日常生活からかけ離れたどんな怪事件であっても、日常生活者の視点から、自分の周囲に起こった日常生活の不可解な「小事件」と比較対照することで、事件解決の糸口を見いだしてゆきます。

郵政民営化を、政治の舞台で考えなくともいいのです。自分の日常生活の視点や経験から書くのは、そんなに難しいことでしょうか？　そんなことはないでしょう。

課題が与えられ、それを書いてゆこうとするとき重要なのは、自分の視点をもつということです。「視点」（ビューポイント　viewpoint）といいましたが、「立場」（ポジション　position）であり、「視角」（アングル　angle）です。みな同じ意味なのです。

つまりレンガを積み上げてゆく場合の、「完成」（エンド）を視野に入れた全体見取り図です。「図」はピクチャー（面）やプラン（表）である必要はありません。ワン・フレーズ（一主命題）でいいのです。その主命題に三本の章命題がつき、三本の章命題にさらに三本ずつの節命題がつくと、プラン基本表（table of contents＝目次）ができあがります。これで、柱＝命題が合計一三本立ったことになります。一本の命題を三枚で書けば、約四〇枚の文章が、全体の統一が保たれ、それぞれの章、節も論理が一貫し、細部まで全体を貫く意志（視点）が浸透する、ということになります。私の三分割式文章術です。

どんな短い文章でも、どんな巨編でも、全体を貫く「視点」がないと、一字一字をどんなに慎重に積み上げていっても、全体と細部は結び合うことがなく、まったく首尾一貫しない、構成力の弱い、論も筋もバラバラの欠陥本になってしまうでしょう。

「郵政民営化」をワン・フレーズで書けなくてはなりません。あなたなら、どう書きますか？　そのワン・フレーズに、3フレーズをどうつけますか？　その3フレーズそれぞれに3フレーズをつけてみませんか？

べつに、3フレーズ分割法でゆく必要はありません。しかし、全体があって、それを部→章→節→項に分割してゆき、見取り図を描きます。その見取り図通りに書いてゆけばいいのです。細部は細部で掲げたフレーズに寄りかかって、思い切って書けばいいのです。

それに、ワン・フレーズがあり、全体の見取り図があるから、途中、少々脱線しようが、少しもかまわないのです。戻ろうと思えば、すぐに本線に戻れるからです。それに、途中下車して、道草をするもの、いいものでしょう。旅の醍醐味でもあるでしょう。その面白さが読者に伝われば、グーですね。

三節　著書をもつのは、金をもつより楽しい

父の枕元に息子の最初の著書があった

何度も、私の周囲の人に、書くことを勧めてきました。本を書いて出すために、出版社に紹介した人だけでも、五〇人を下らないのではないかと思います。

まったく無名で、しかも著書のない人を、出版社に紹介して、出版までこぎつけるの

は、大変です。紹介したがうまくゆかなかった数も、けっして少なくないのです。それに、紹介した人が出した本で、重刷になって、多少とも出版社の懐《ふところ》を潤《うるお》し、編集者の面目《めんもく》を施したものは、ほんの一握りにすぎません。よくよく振り返ってみると、一冊きりです。まったく驚くべき事です。

それでも、私は書く力があり、そのテーマが面白そうだとわかると、初対面の人に対してさえ、本を書くことをつい勧めてしまっています。なぜでしょう？　なぜそんな面倒なことをあえてするのでしょう？

私の両親は、私が大学を出てから、家に戻らず、大学教師になる道を歩んでいることに対して、一度も苦情をいったことはありません。大学を卒業してからは、大学院・非定職時代でも、可能なかぎり両親に経済的負担を掛けないようにしていましたが、私が家業を継がなかったことで、家業は衰退し、四一歳で家に戻ったときは、廃業に追い込まれていました。有り体《てい》にいえば、私は「家殺し」をやったわけです。

じゃあ、両親は私の仕事に理解があったかというと、あったとはいえないでしょう。しかし、それがよかったと思います。両親とも、知的世界にはまったく無頓着《むとんちゃく》でした。本を買ったり読んだりすることにも、まったく無関心でした。

私が最初の著書を出し、定職を得た年の夏、帰省した折のことです。何かの折に父の居室に入ったときです。私の本が父の枕元に、麗々《れいれい》しく置かれているのです。読んだのかどうか、父に聞くこともなかったのですが、そのとき突然、両親に対して「なにかいいことをしたのだ」という感情がどっとあふれてきました。

簡単にいえば、こういうことではないでしょうか？　私は、これまで、自分に対しても、両親に対しても、少し大げさにいえば、社会に対しても、少しも恥じ入るようなことをした覚えはなかったものの、説明のしにくい、得体の知れないことをしている、という気持ちにとりつかれていました。「まだ何ものでもない（nobody）」からです。やりたいことがある。やる力も備わっている。しかし、まだそれが形になっていない。それで他人も自分も納得させうるようなものを生みだしていない。こういう宙づり状態に、三三歳まであったのです。バイト、バイトで辛《つら》かったが、そんなのは頑張ればすんだのです。しかし、自分が「なにものか」になっていないという気持ちは、説明しようとすると、愚痴めくので、いえません。「なにものか」になってはじめて、そのブランコ状態の気持ちを説明できるわけです。

三三歳の時、サムボディ＝研究職と、サムシング＝著書という二つのものを得ることができました。ようやく、私がこれだといって表示することのできるＩＤ（アイデンティティ＝自己存在証明）をもつことができたのです。

なんだ大げさな、と思われるかもしれません。しかし、自分がめざすＩＤを得ることは、人生にとってとても重要なことです。若い時期、そのＩＤを得ることができなければ、多くの人間は、今あるもの・今までやってきたことで満足せざるをえなくなります。

父は、私の本を手に取って、私が存在証明をはじめて手にしたことを、喜んでくれたに違いありません。そんなことを一言もいわずに死んだ父でしたが。

つまり、私が一冊の本を書くことを勧めるのは、何枚目かはわかりませんが、ＩＤをもつことを勧めているのです。著書とは、存在証明書のことなのですよ。

書いたって、赤字だよ！　それでもいい！

私は札幌《さっぽろ》近辺に住んでいます。書き手は沢山います。この周囲で、印税だけで生活している人、できる人はほんの数人だけでしょう。職業作家ですね。北海道全部に範囲を広げても、一〇指にたりないでしょう。私の知るかぎりでは、札幌の藤堂志津子《とうどうしづこ》、東直己《あずまなおみ》、函館《はこだて》の宇江佐真理《うえざまり》、中標津《なかしべつ》の佐々木譲《ささきじょう》の四人です。

本当に少ない数です。ということは、書いて、本を出しても売れない。売れても、続かない、ということです。職業作家であるということは、書き続けるだけではなく、売れ続けなければなりません。ということは、書いて、本を出し続けているということは、多少とも売れている証拠なのです。

職業作家にしてこれです。書いて、本を出し、売れて、儲《もう》ける、などというのは、至難のわざだということです。どんなにわずかでも、印税をもらえるだけでも、幸運だと思わなくてはなりません。印税は一割が相場だ。それをもらえないなんて、理不尽だ、搾取《さくしゅ》だ、と騒いでも結構ですが、そういう人には、およそもう出版社から声もかからないし、声をかけても、見向きもされない、ということを覚悟すべきでしょう。

書くには、第一に労力、第二に時間、第三に書斎や万年筆や原稿用紙の類、第四に文献や資料、第五に取材・調査、第六に郵送、等々というように挙げたらきりがないほど、費用がかかります。これを労働時間と事務用品費等に換算して勘定すると、一冊書き上げるのに、半年要したとしたら、五〇〇万円程度の人件費に相当します。すべてを換算すると、大変な額になるでしょう。

しかし、右に記した書くための費用は一切出ません。ということは、本を書くということは、最初から大赤字を覚悟の「所業」なのです。所業というのは、褒《ほ》められた仕事ではない、という意味です。

私の処女作は、売れたのです。全部で五〇〇〇部に満たなかったと覚えていますが、四刷まで行ったのですから、奇蹟じゃないか、と思えました。初刷が一八〇〇部で、印税は八パーセント、二刷から一〇パーセントになりました。これはいちおう専門書ですから、こんなのは例外に属します。それでも、この本を書く労力等に換算したら、とてつもない赤字でした。

でも、労力をかければかけるほど、苦難を強いられれば強いられるほど、書き上げて、本になり、自分の手に取り、本箱に並び、売り場に並び、広告が出て、買われ、読まれる等の喜びが大きくなるのです。これを表面的に、金の面からだけ見てゆくと、本を書くというのは、とてつもない浪費であり、ムダをしていることになります。内面から、心の充実面から見てゆくと、他にできないことをやった、ついに自分もＩＤを得た、ということですから、本分を尽くした、偉業をおさめた、ということになります。

私は書斎・書庫を三回もちました。そのなかに本が納まっています。大した本はありませんが、それでも買ったときの額でいえば、どんなに少なく見積もっても、家一軒分は優にあるでしょう。これに書庫の建設・改造費を足せば、家二軒分は、書斎と書庫のためだけに費やしているのです。私はもう少し生きるつもりですから、書庫がもう一つ必要になります。

妻は、「この書庫にかかったお金は一体どこから出てきたのでしょう?」などとはけっしていいません。しかし、妻はこういいました。クルージングでフィッシングを楽しんでいる人たちをテレビで見て、「あなたは、釣りも、ゴルフも、賭け事も、あれも、これもしない。飲むだけね」と。

つまり、書こうと思えば、よほどの余裕がある人は別として、道楽をしている暇がないだけでなく、道楽のための金もないわけです。そうだとしても、書く悦びはあるのです。

ただでも書きたい! ただでは書きたくない!

でも「道楽」(ディレッタント　dilettante)で書いてはいけない、また、書けるものではない、というのが私の意見です。特に定年後に書きはじめようという人には、この点を強く念を押しておきたいと思います。

話し下手は許されます。「沈黙は金」というわけですから、評価の対象にさえなるでしょう。しかし、書き下手はダメです。許しがたい存在として遇されます。

私が長年教師をしていて、何がいちばん空しいかといって、日本語以前の日本語で、箸《はし》にも棒にもかからない感想や意見を書いたレポートや答案を、えんえんと読まなければならないことでした。受講生が二〇〇人を上まわる年など、二回の定期試験だけで、精神の蝶番《ちょうつがい》がはずれるのでは、と思うほどみじめでひどい思いをしたものです。しかも、学生には、鷲田は答案用紙をばらまいて、いちばん遠くに飛んだ答案からいい点をつけているに違いない、と思われていたのです。読まない、読めるわけがない、というわけでしょう。（ただし、数年前から、レポートは原稿用紙で一〜二枚、試験問題は一問二〇〇字で二問というように、原稿用紙＝升目と字数制限をしたおかげで、飛躍的にデタラメな文章が減りました。）

私は、先にも述べたように、八年間、月刊『北方文芸』の編集者をしていました。北海道は広い。小説や評論を書きたい人、書いてみたという人はかなりいます。読者になって、投稿してくる人もいます。その原稿を毎月読むというのが、編集者の第一番目の仕事です。しかし、これがしんどいだけでなく、気が滅入《めい》るたちのものなのです。下手なのです。ど下手なのです。一枚といわず、半ペラ（二〇〇字）を読めばわかる代物です。しかし、それですますわけにはいきません。早い人なら、投稿してから一週間で、「読まれましたか？」と電話がくるからです。感想あるいは評価を聞きたいわけです。「まだ読まれていないのですか？　いつまでに読んでくれますか？」と期間を区切られます。答えないわけにはいきません。もっとも、こう聞いてくる人にかぎって、下手なのですね。結局、身も蓋《ふた》もない「評価」をして、ただただ怒りを買う、という仕儀に及ぶことも何度かありました。どう評されてもかまわないといっておきながら、酷評に対して、「おまえなどに文学がわかるわけがない」と激怒されたこともありました。中年以上の女の人は、酷評に対しては、なぜか「いじめられている」という反応を示すのです。これには参ります。

この欠陥原稿は、文学がわかる、わからない以前の問題なのです。しっかりと書くトレーニングをした形跡がないのです。きちんとトレーニングをせずに、一五〇〇メートルを疾走したらどうなります。完全に心臓がアウトになるでしょう。書くこと、特に長いものを書くときは、一定の水準に達するまでトレーニングをせずに取りかかると、複雑骨折、あるいは、全身痙攣《けいれん》を引き起こして当然なのです。

書くためには、しかるべくトレーニングをする必要があります。もちろん、書いて投稿するのだから、多少は自信があるのでしょう。でもね、自分の書いたものと、プロの書いたものを比較するのは難しくないでしょう。そうすれば、自分の書いたものが、他人に見せていいものか、読まれて許されるものか、などは簡単に判断できるのです。つまりは、よい文章をじっくり読んでおらずに、書いているわけなのです。

「書く」という点では、「道楽」でよく見かけるように、下手の横好きでは困ります。しっかりとトレーニングを積む。プロの物書きと遜色《そんしょく》ない。そう思えるところまでゆくつもりでなくてはダメでしょう。

そうなると、ただでも書きたい、から、書いたら報酬をもらわなくては、という気持ちに変わります。この変わり目って、なかなか微妙ですが、いいものです。

対価（の一部でも）をもらえる仕事をする、これはものを書くということに関していっても、非常に貴重なことです。書かせてもらえるのなら、どこでも書きたい。ただでも書かせてもらいたい。しかし、書いたからには対価をもらいたい。この気持ちは若かろうが、年を取ろうが、関係はありません。しかし、対価を要求できるためには、何度もいうようですが、一定の水準までトレーニングに励《はげ》む、ということが重要です。

第三章　定年から書く方法

書く「技術」はバカにできない

「書く」というのはきわめて精神的で個性的なことだ。それを修得したら、誰でも・いつでも利用可である、などという紋切り型（ステレオタイプ）の「書く技術」などとは馴染《なじ》まない。こう思っている人が非常に多いのではないでしょうか？

特に、書くことに大きな意味を見いだし、書くトレーニングをかなり積んで、一通りのものを着実に書くことができる、セミプロの人に多い、というのが私の経験則です。

定年後、書くことに喜びを感じ、精力的に書いている人にも多いような気がします。私の周囲にいる文章自慢の人、著書をすでに数冊もっている人は、ほとんどが書く技術をバカにしています。（こういう人の過半は、パソコンで書くことを拒否しています。パソコンで書くと、非個性的な文章しか生まれない、と思っているのでしょう。）

でも、いいものです。個性的な原稿用紙に、万年筆でじっくり書きこんでゆくのを手にするのは。それに、文章好きな人は、たいてい字体がいいのです。字の素敵な人の文章を読むと、もうそれだけでいい気分になります。私の経験では、芥川賞候補に何度もなった寺久保友哉《てらくぼともや》さんの鉛筆書きの原稿、それに週刊誌にも連載したことのある、著書も数冊ある杉村映子《すぎむらえいこ》さんの独特の字体で綴《つづ》られた原稿などは、もらうとすぐにでも読みたくさせるものでした。それにとても丁寧な字で、読みやすいのです。

私は三〇代の終わりにマルクスの哲学論を書き下ろしました。夏休みいっぱいをかけて素稿を作り、一二月末に成稿を得ました。このときも疲労困憊《こんぱい》でした。マルクスを書くのです。その思想的エキスを取り出すのです。緊張して当然です。

半ペラで一二〇〇枚の原稿用紙は、その量だけでもなかなかの壮観です。原稿を送ってすぐ、白水社の編集者の平井《ひらい》さんから、「鷲田さん、プロの作家の字になりましたね」といわれたのです。この時期、活字になったものだけでも、年間、すでに五〇〇〜一〇〇〇枚書くようになっていました。それでも、原稿用紙に万年筆で書く字が、「作家」の字になったといわれたことは、本当にうれしかったのです。疲れが一瞬でしたが、吹っ飛びました。そのうれしかった思いは、いまでも記憶にしっかり残っています。私の自慢の種でもあります。

しかし、私はその当時から、無意識に、書く技術を修得しようとしていた、といまにして思います。

一、下書きをしない。

一、目次を特別丁寧に、心を込めて作る。（筆で書くことまでしたのは、目次に精力を注ぐ表れでした。）

一、抜き書き集を作る。

一、索引を作る。（本には載せない場合でも。）

もっとも重要なのは、目次を作ることです。目次とはすでに述べたように、著書全体の編成プランで、多くの命題（フレーズ）からなっています。大きな命題から、どんどん章分け、節分け、項目分け、と細分化してゆくのです。（いってみれば、書きはじめのときから、無意識に三分割法を採用していたのです。）

私の仕事の中心は、昔も今も、書き下ろしです。マスコミの中心地から離れ、出版社やジャーナリズムにまったく知人をもたなかったので、書き下ろしの仕事しかなかったのです。書き下ろしは最低でも二〇〇枚、普通は五〇〇枚程度のものです。テーマも、編別も全部著者が行ない、プランを出して、編集者（出版社）の執筆ＯＫ（許可）を得るというのが普通の行き方です。

きちっと目次を作ったら、下書きなしで書ける。書けなくては、書き下ろしを年に何冊も仕上げるなんて、不可能だ。こういう実際的な理由もありました。

それに、はじめから、書き直しをするということを想定した文章は、いい加減さを免《まぬか》れえないのです。ただし、書き直しをしない、とどれほど念じても、書き直しは不可避です。それでも、最初から、下書きなしで、書き直しを想定せずに、ゴールをめざして書く文章は、読むと違います。緊張感が異なります。ふらつきがほとんどありません。

とりあえず、前置きとして、この二つの「技術」を特記しておきましょう。技術は重要だ、バカにできないということを確認してもらうためです。えっ、そんな程度はもうやっているって。大いに結構ですね。

一節　何に書くか？　何で書くか？

ノートに、ボールペンで書く

「弘法筆を選ばず」（A bad workman quarrels with his tools.）といわれます。しかし、書の名人、弘法は筆を選んだ、というのがよりありそうな事実ではないでしょうか？

私の周囲にいるいい書き手は、「筆」を選んでいます。うまい文章を書く人ほど、いい「筆」（筆記道具）を用いています。

推理小説作家の高木彬光《たかぎあきみつ》（一九二〇〜一九九五）は京都帝大工学部冶金《やきん》科を卒業し、飛行機製作会社に勤めたが、敗戦で失職します。易者のすすめで書いたのが『刺青《しせい》殺人事件』で、名探偵神津恭介《かみづきょうすけ》の名とともに、高木彬光の名を一躍満天下に轟かせました。このとき、高木はざら半紙に罫線を引いて原稿用紙代わりにし、鉛筆で書いた、という伝説が残っています。ざら半紙にもかかわらず、夢中で書いた、というわけでしょう。

事実だと思いますが、紙不足の時代でした。失職中でしょう。西洋紙を手に入れるのさえ困難だったのでは、と思えます。つまり、当時まったくの新人であった高木の精一杯の原稿用紙と筆記道具に対する配慮ではなかったでしょうか。高木も含めて、ほとんどの人は食うのがやっとの時代だったのです。

敗戦直後、ざら半紙で原稿用紙を作り、鉛筆で書くというのは、それを第三者（しかるべき読み手）に読んでもらい、発表する意思があったことの表れです。実際、江戸川乱歩に送られ、乱歩の推薦で単行本になります。戦後推理小説界の一方の雄となった高木彬光の登場です。

もし、高木が、ノートにボールペン（敗戦直後、進駐軍によってはじめて持ち込まれたから、当時、高木はこれを手にすることがなかったでしょうが）で処女作を書いて、江戸川乱歩に送ったら、どうだったでしょうか？　読まれる確率はグンと減ったでしょう。それよりも、作品の完成度がグンと落ちたのではないでしょうか？

何に書こうが、何で書こうが、「書かれたもの」は同じではないか？　こう思われるでしょう。そうではないのですね。ノートに書かれたものは、他人に読まれることを前提にしていません。むしろその逆で、読まれないことを想定したものです。この差は大きいのですよ。

読まれないことを前提としているからこそ、赤裸々に、誰はばかることなく「真実」を「真情」を書き切ることができる。こう反論されるでしょう。一理ありますね。でも、この非公開のものを閲覧すること自体が、難しいでしょう。公表することは、もっと障害がともなうでしょう。出版されるまでには、非常に多くのエネルギーが必要になります。本当にすぐれたもの以外、公表され、出版される見込みはない、と思っていいでしょう。たとえば、遺稿集などで発表されるものを思って下さい。

もっとも、原稿用紙に鉛筆で書くというのは、プロの物書きにだけ許されるマナーです。鉛筆書きの原稿は小学生の書き物だ、と誤解しないで下さい。

友人の寺久保友哉さんの原稿は、その用紙も字も美しかった、といいました。そして、

2Bの鉛筆で書かれていました。寺久保さんは、精神科医が専業で、プロの作家ではなかったのですが、鉛筆で書いても編集者が受け取ってくれる水準、プロの作家と同等の扱いを受けていた、ということがわかります。

ちなみに脚本家でエッセイストの向田邦子《むこうだくにこ》（一九二九〜一九八一）は悪筆で鳴っていましたが、たくさん万年筆をもっていたのに、原稿書きはいつも2Bの鉛筆でした。

鉛筆がいいのは、滑りのよさとともにシンが減ったり折れたりしたとき、削り直す間のタイミングが、なかなかいいのです。それに、消しゴムで消しながら、消しクズを払いながら、空白になった部分を埋めるタイミングを計ることができます。ただし、鉛筆は連続してたくさんの量を書くには、指に疲れが早く来て、難しいという欠点がありま す。長時間向きではないのです。

原稿用紙に、万年筆で書く

紀伊國屋《きのくにや》（を真似した自家製）の原稿用紙に、ウォーターマンの万年筆で、ゆっくり、正確に書いてゆく快感は、なんともいえないものです。学生時代からの友人（哲学科出身）三人で、各一万枚ずつ作った原稿用紙です。二〇字一〇行の半ペラで、升目が少し小さめで、滑りがことのほかいいのです。残念ながら、五〜六年で使い切ってしまい、いまは使い残しが数枚どこかに挟まっているだけになりました。

原稿用紙で書くのなら、何をおいても万年筆です。それにインクも重要な要素です。美しさからいえば、だんぜんコバルト色（淡い群青）のモンブラン（社）のロイヤル・ブルーです。それに書きやすいのです。インクの流れもよく、つまりがないからです。でも、このインク、水に極端に弱いのです。「ウォッシャブル」、つまり、「水洗いできる」インクで、水で消えるのです。湿気の多いところに置いておくと、ほとんど消えてしまいます。私も、これを愛用していた期間がありました。ところが、水がかかって、原稿やノートがまるごと消えかかってしまい、かなり多くの枚数を書き直ししなければならない失敗を何回か繰り返したすえ、キッパリとこのインクを視界内におくことを断念しました。

それ以来、インクはモンブランのブルー・ブラックを使っています。このインクは、空気にさらされると酸化して、水でも容易に消えない成分を獲得するという優《すぐ》れものです。もっとも、色が地味というか、暗いのですね。それで、思い切って、ブラックを使ったこともありますが、これも水に弱いので、すぐにやめました。

万年筆が原稿を書く筆記用具としてすぐれている点で、あまり強調されないことに、疲れにくい、というのがあります。

筆記用具には、鉛筆、ペン、ボールペン、万年筆、水性ペン等々がありますが、連続して多量に書くと、指がしびれ、用具を握ることができなくなる欠点を持ち合わせています。このうち、鉛筆やボールペンは筆圧をかけて書くので、すぐに疲れが来ます。向田邦子が、悪筆、乱筆だったのは、もともとがそうだったというだけではなく、大量の文字を速く書かなければならなかったからだ、と擁護してみたくなります。筆圧を弱くしてスピードをつけて書くと、凹凸《おうとつ》のないへのへのもへじや、続け字になってしまいます。判読しにくい、編集者や印刷所泣かせの原稿になります。

ところで、多くの作家が愛用している万年筆に、モンブランがあります。極太の重いサイズのもので、ノーマルタイプでも非常に高価なものです。これを使って原稿を書いていると、ちょっとしたものに映るかもしれません。

私も、二本ほど買ったことがあります。最初の一本は使ってすぐに床に落として、ペン先が突き刺さり、ペン先を直しましたが、使いづらいというのか、馴染《なじ》めずそのままになっています。二本目は、こんな事情で買い求めました。

万年筆は、書きやすい。長時間書いても、疲れにくい。原稿用紙の滑りがいい。文字色が素敵だ。ところが最大の欠陥は、ペン先が減ると、インクの出がよすぎて、ボタ落ちするようになることです。（逆に、万年筆の使い始めは、インクの出の調節がうまくゆかなく、ある程度使い込まないと、すらすらと文字が書けないことです。）ペン先が減ると、したがって、ある種の恐慌状態が生じるのです。こういうときのために、書きやすい、インクの出の安定した万年筆を用意しておかなければなりません。でも、そんな万年筆は、どこにも売っていないでしょう。それで、友人の万年筆を狙うのです。私が愛用した、ウォーターマンもシェーファー（二本）も、友人が使っていたのを、新品と取り替えたものです。特にシェーファーは、ペン先が減りにくく、インクの出が一定し、最後の一本はいまでもメモ用に使っています。

日本にも万年筆の名品がたくさんあります。私もたくさん挑戦してみました。それに、注文万年筆（三本）にも挑戦してみました。どれも続かなかったのは、少量の字を書くのには適していますが、大量に迅速《じんそく》に書く者にとっては、どれも、疲れが早く来る、という点です。一日一〇枚が限度で、それ以上になるとペンを握ることができなくなりました。

一年間、一〇〇〇枚前後をコンスタントに書く者にとっては、書きやすく、疲れにくい、しかも、ペン先が減りにくい万年筆が必需品です。

最初の一〇枚くらいまですばらしい字体で書かれている原稿があります。ところが三〇枚を過ぎると、不安定になり、最後のほうはがたがたという体《てい》になるのは、疲れで筆圧がなくなるせいでしょう。万年筆のせいでもあります。

パソコンで書く。驚くほど疲れない

何で書こうと、どんなに丁寧に書こうと、一字を書く労力は、ほとんどゼロに近いでしょう。一〇〇字でも疲れなど感じません。四〇〇字清書したからって、腕が鈍《なま》るなんてこともありません。これは事実です。

「書くこと」は軽作業だ。体力の消耗《しょうもう》などない。こう思う人がいるかもしれない。そうじゃないのですね。まったく反対です。

万年筆で、五枚、二〇〇〇字を書いてごらんなさい。ただ書くだけで結構です。腕に疲れを感じませんか？　筋が突っ張っているのを感じとれるでしょう。一〇枚、四〇〇〇字書いてごらんなさい。えっ、もう万年筆を握るのも難しいって！　肩はがちがちに凝《こ》るし、目は疲れていますね。腰に鈍痛が走る。誤字脱字が多くなるでしょう。腕は棒状態でしょう。驚くべきことではありません。それが通常なのです。

ただし、原稿を書くというのは、ただ字を書くのとは違います。書いては消し、また書き直すのですから、できあがった字数の倍は書いていることになるのです。一〇枚書くためにはその倍の二〇枚を書いた勘定になるのです。

私の万年筆時代は、一九八〇年代で終わりました。最初は一九八七年で、ワープロ専用機、一九九二年からパソコンに変わりました。正確には、書くから打つになりました。

パソコンのいい点を、数え上げたらきりがありませんが、そのもっとも大きな効用は、書いても疲れない、ということです。これは驚くべきことです。

今日、五時半に起きてこれを書いていますが、ちょうど正午です。約二〇枚書きました。休み中です。毎日、二〇枚をノルマとしているので、今日は予定を半日で果たした勘定になります。たしかに、疲れは来ていますが、まだまだ書ける状態です。

パソコンで書くと、悪筆、乱筆からおさらばすることができます。それに、何枚書こうが字に乱れが生じません。

さらにすごいのは、パソコンこそ自在に書ける思考機械だということです。

一、パソコンで書くと、ステレオタイプの非個性的な文章しか書けない、というのはまったくの誤りだ。むしろ、自在かつ軽快に文章を書くことができる。
一、パソコンは、一冊の書物を書く場合の基本案内図になる、目次を作るのに、もっとも効力を発揮する。
一、枚数制限のある文章をきっちりと書くことができる。
一、文章の校正、整理、編集、再編が迅速《じんそく》、簡単だ。原稿用紙に書く時代と比べると、まさに別天地だ。
一、大量の文章の保存と再利用が迅速、正確、簡単だ。
一、文章の送受信をインターネット・メールを使って、量の大小にかかわらず、距離の遠近にかかわらず、居ながらにして、瞬時に行なうことができる。
一、インターネットを使うと、情報収集が簡単迅速であり、情報開示も迅速的確に行なうことができる。

等々、およそ、パソコンを使うのと使わないのとでは、書く量、質ともに大きな違いが生じる、と考えていいでしょう。特に勧めたいのが、高齢者に対してなのです。以上挙げた長所は、どれも高齢者にとって、しかも主として在宅で仕事その他をするようになる定年後の人にとって、とても有利なことだと思われませんか？

たとえば、高齢者は、概して、ステレオタイプの文章を書くでしょう。習い覚えた定型語句や二字熟語をよく使います。着想も古めかしい。これは致し方ないことです。しかし、辞書や事典等のリファレンスを、パソコンのハードディスクにインストールすると、いつでも・どこでも、ぱっと利用可能になるのです。情報の点検、語句の精選、人物の確認など、たちどころに行なうことができます。

たとえば、この節に登場した、高木彬光や向田邦子の正確なデータが、デジタル版の『日本大百科全書』を引くと、すぐに（最小限度の情報ですが）正確かどうかをチェックできます。

それに、パソコンのモニターは、普通考えられているのとは違って、目にやさしいのです。字が大きく、活字です。光の乱反射がなく、姿勢を正して読むことができます。本を読むよりも、目への負担がずっと軽いのです。

最後に、パソコンがもっとも高齢者に適している点を指摘しておきましょう。それは、一字一字、どんなにゆっくり打っていっても、大丈夫なことです。長い時間をかければ、確実に終わり（完成）に達するからです。これは、原稿用紙に一字一字書いてゆくよりは、ずっと楽に感じます。それにゆっくり時間をかけて校正すれば、完成品が現れます。おまけに、原稿から書物発刊までの距離が、断然短くなります。

二節　短文が書ければ、長文は書ける

短文には目次が必要だ

これから文章を書く技術を簡単に示していこうと思います。「技術」なんて、個性的な文章を書くことに似合わない、とあくまでもいいはる人には、「こつ」といってみましょう。「方法」でも同じです。

「こつ」とは、(一)【骨】死んだ人のほね。〔狭義では、火葬してあとに残る骨を指す。例、「―壺・納―」(二)〔←骨法〕物事をうまくやる上で、外してはならない大事な点。「仕事の―〔＝要領〕を呑み込む」〔表記〕(二)は多く、「コツ」と書く。(『新明解国語辞典』)とあります。技術＝こつは、(二)です。

それに、「芸術は長く人生は短い」(ヒポクラテス)の「芸術」です。ヒポクラテスに

とっては、「医術＝技術」のことなのです。もともとギリシア語のテクネー（techne）は英語のアート（art）と同義なのです。製作や建築を意味する語根teks-から派生したのですね。

文章を書く根本は、その長短にかかわらず、「目次」を作れるかどうか、にかかっています。この目次がなくて、文章を書くのは、登山図がなくて、山に登るようなものです。

なるほど、低い山なら、地図がなくても登れそうに思うでしょう。私は、標高二五〇メートルの馬追山《うまおいやま》の中腹に住んでいます。眼下に広がる石狩平野は、ほとんど標高数メートルにとどまる低地帯ですから、意外と高く感じますが、本当になだらかな馬の背のような山というか、丘陵です。

しかし、この山を歩いてみるとわかりますが、山道をはずれて沢沿いを五〇メートルも歩かないうちに、方向を失ってしまいます。ここに住んで二〇年になりますが、いまでも目印を付け、注意深く歩かないと、すぐに目標が見えなくなり、迷ってしまうのです。

私は、低い山に登るのにも地図が必要だ、と思います。山のことはまったく素人ですが、文章に関しては、どんな短い文章を書く場合でも、否、短い文章を書くときにこそ、「目次」が必要だ、といいたいのです。

短文に目次が必要だって？　章別がいるって？　こう思われるでしょう。必要なのです。むしろなくてはならないのです。

「文章は技術ではない」という主張で、四〇〇字のコラムを書きなさい、という提題が出ました。私なら、次のような目次を立てます。ちょっと格調高くゆきましょう。

1　文章は芸術だ（一五〇字）
2　芸術は技術を基礎にもつ（一五〇字）
3　技術は芸術に限りなく近づく（一〇〇字）

という三部構成で展開し、（　）内の字数予定を立てます。字数の増減は、3で調整します。

何か大げさに見えるでしょう。そんなことはないのです。長い文章なら、構成と展開に多少は融通が利きます。字数制限の調整も幅をもって対処可能です。しかし、短い文章は、窮屈です。あらかじめ決めてかからないと、四〇〇字で収まらなくなったり、一本調子で終わります。

したがって、短文では決めた見取り図からけっしてはずれない、という心づもりが重要なのです。

私はいつも一項目を、二枚（八〇〇字）見当で書きます。本書では、序章と第一章は二枚で書きましたが、第二章～第五章は四枚見当で書こうと決めています。それで、ずいぶん書く幅ができました。しかし、やはり、きちんと段取りを決めて書くほうが、遊びをする場合でも、安心して思い切ったことができます。

短文は三分割で書くにかぎる

私は「書くこつ」では、目次が肝心要《かんじんかなめ》である、と主張します。しかし、文章の「命」は短文にある、と断固いいます。短文がきちんと書けてこその文章であるからです。

一つのまとまった考えを、一つの短い文章できちんと表現できないと、どんなに長々と文章を連ねても、いい作品は生まれません。

非常に単純化していえば、全体の流れは目次で常に確認しながら進む。その流れの一コマ、一コマをきちんと表現してゆく、それが文章を書くこつの中核です。

だから、ひとえに、短文をきちんと、構成的に書くトレーニングを積むことが必要なのです。私が三分割法、三分割法とうるさくいうのは、目次ばかりでなく、短文を書くこつと直結しているからです。

向田邦子はエッセイの名手といわれました。あの辛口の山本夏彦《やまもとなつひこ》でさえ、「向田邦子は登場してすでに名人である」と絶賛しました。その向田のエッセイを読むと、長短にかかわらず、全体が常におおよそ三つに分かれていることがわかります。

匿名の書物随筆を集成した谷沢永一の『紙つぶて』は、一つが六〇〇字の掌編ながら、全編三つに分かれています。一項目が三つです。およそ書物エッセイとして、空前絶後の達成となりました。

プラトン以来、議論や論理の展開は対話の形を取り、立論↓反論↓再反論＝結論という形を取ってきました。いわゆる、正↓反↓合（肯定↓否定↓否定の否定＝肯定）で、問答法＝弁証術といわれています。しかし、呼び名は問題ではありません。私はたんに三分割法でいいと思います。

それに、論の展開は、正↓正↓正でもいいし、反↓反↓正でもいいのです。あまり形はよくないが、「松島や／ああ松島や／松島や」（芭蕉）のようにです。正↓正↓正ですね。

重要なのは、基本形を三分割とすることです。四分割でも、五分割でもいいが、それは、三分割で書ききれなかった場合で、三分割の変形とみなすことができるのです。

そして、正↓正↓正でもいいといいましたが、正↓反↓合を勧めたいのは、これがもっとも書きやすいからなのです。書いたものを読むと、わかりやすいからです。

というのも、技術＝こつは、どんなに効力あるものでも、難しすぎて、ごく少数の人しか身につけることができなくては、何にもならないからです。難解は、技術＝こつの名に値しません。これは文章技術にもそのまま当てはまります。自分ではいっぱしの文章を書くことができると自負している人が、得意のテーマではいい雰囲気を出すことができるが、関心のないテーマに対しては、まったくおざなりな、調子を落としたものしか書くことができないのは、誰でも共通に利用可能な技術に無関心だからではないでしょうか？

それに技術は常に一様で安定していることが、その長所でしょう。書く技術を修得していれば、最低の精神状態の時でも、そこそこのものは書くことができます。

いまいそがしいから書けない。とても書けるような精神状態ではない。よくよく勉強したあとでなければ、とても引き受ける自信がない。書く注文や引き（誘い）がやってきたとき、こういう態度＝拒否で臨《のぞ》んだら、もう二度と注文や引きはやってこない、と思ったほうがいいでしょう。

私は注文は断らないことを原則としてきました。注文主（編集者）も闇雲《やみくも》に注文するわけではありません。いちおう目安を立てて声をかけるのです。「ぜひあなたに」という場合もあるでしょうが、こいつに書かせるチャンスをやろうじゃないか、と白羽の矢を立てられる場合だってあるのです。それを、忙しい、やる気がない、やる自信がない、なんて、何だ、好意を無にしやがって、となりかねないのです。チャンスを失うだけではすまされないでしょう。二度とやってこないのです。

三分割法を、いつでも、どこでも、誰でも、使って、相応の効果を上げる書く技術として、しっかり身につけてみませんか。

長文は短文の連なったものだ

私は、長尺《ちょうじゃく》ものが書けて、ようやく一人前の書き手、と思っています。これは小説であろうが、評論であろうが、同じです。しかし、難しいのは短文です。小説でいう短編が難しい、完成度を要求される、というのとは少し意味が違います。

著書、たとえば、三〇〇枚の原稿を書くとしましょう。一項目三枚として、合計一〇〇の短文を書かなくてはならないのです。

司馬遼太郎は凄まじい量の小説、評論、紀行文、エッセイを書きました。小説では大長編も書きましたが、短編も書きました。この短編がいいのです。いいきってしまえば、まず短編を書いて、それで腕だめしをして、長編に取りかかった、という感があります。

しかし、司馬遼太郎はなぜにあんなにも楽々と長編を書けたのでしょう。楽々とではないにしろ、文庫版で、最長編の『翔ぶが如く』が一〇冊、『坂の上の雲』『竜馬がゆく』が八冊、『菜の花の沖』が六冊、四冊となると『胡蝶の夢』『播磨灘物語《はりまなだ》』『世に棲《す》む日日』『国盗《と》り物語』『功名が辻』で、長編だけでも三七編あります。このうち、『殉死』の二回分載をのぞいて、すべて新聞・雑誌の連載です。司馬遼太郎には、その文壇デビュー作で直木賞を受賞した『梟《ふくろう》の城』をはじめ、書き下ろしの長編はないのです。もっともこれは、司馬だけの特徴ではなく、夏目漱石だって、松本清張だって、その長編のほとんど全部が連載ものです。

新聞も雑誌も、連載はページ割りがあって、一回分の分量が決まっています。つまり一話完結ではないにしろ、一回三～四枚（新聞）、一五～二〇枚（週刊誌）、三〇～四〇枚（雑誌）を、連ねていってできあがったものなのです。

一気に長編を書く、というのは物書きの醍醐味だといわれます。まったくの新人は、長編をひっさげて登場するのを常とします。マーガレット・ミッチェル『風と共に去りぬ』（一九三六年刊）を思い起こせば十分でしょう。しかし、外国では、新人だけでなく大作は書き下ろしが多いです。いずれにしろ、書き下ろしは非常に大きなエネルギーが必要になります。

否、書き下ろしには、いちおうの期限があるが、幅がある。これに対して連載ものは、一日、一週、一月の絶対期限付きで、締め切りが動かし難い。とんでもないストレスが生じる。こう思われるかもしれません。でも、毎日三〜四枚書いて、それを一年、二年続けるほうが、書きやすいのです。正確にいえば、おのずと書けてしまうのです。

私は、小説も本質的には変わりませんが、文章は、短文が書ければ、長尺ものは自ずと書くことができる、という主張者です。司馬さんだって、夏目漱石だって、新聞連載をしなかったら、あんなに長いものを、しかも、数多くの長編を書くことができなかっただろう、と思われます。

でも、ほとんどの人は、短いものなら書けるが、長いものは挑戦しても、いつも頓挫《とんざ》する、というじゃありませんか？　そうです。じつは、この手の人は、短いものもきちんと書けていないのです。だって、長いものは短いものの連なったものなのです。

　そんなことはない。全体の構成があるじゃないか。流れがあるじゃないか。山坂を考えなければならないじゃないか。こう反論されるでしょう。その通りです。しかし、こちらのほうは、目次できちんと押さえてゆけばいいのです。

　短文の連なりとは、一つの短文は、前の短文を受け継ぐということです。まさに、連載の呼吸でしょう。ただ連載は、一日一つと決まっていますが、書き下ろしは、一日一つのつもりで、一日五〜一〇を連ねてゆけばいいのです。一短文を三枚で書くと、一日一五〜三〇枚になるでしょう。三〇〇枚の著書なら一〇〜二〇日で完成します。

　えっ、一日短文を五〜一〇連ねるなんて、至難のわざだ、というのですか？　それなら、一日一つにしたらいいでしょう。それでも、一〇〇日、四カ月以内に、一冊書き上がります。これでも難しいと思われる人は、書くことは無理だ、と観念して下さい。無理をおして書くなんて、楽しくないじゃないですか。

三節　材料や文献を集める

書く前に読む

この節では、項をさらに三分割して進んでみようと思います。メリハリをさらにつけるためです。

△「読む」の延長上に「書く」がある

書くためには、材料や文献を集める必要があります。材料とはデータ集めやヒヤリング（聞き取り取材）のことです。文献は、先行者の仕事を点検し、何が自分のもので、何が自分のものでないか、をはっきりさせるとともに、ここでもまた、書くべき材料を得るというのが最大の目的なのです。

何、私は私の経験があれば十分だ。この特異で破天荒な体験は他のなにものにも代えがたい、私の書くべき材料である。こういえる人は幸せです。しかし、思い違いをしているのではないでしょうか？

「井の中の蛙《かわず》」というでしょう。よく、母親が「私の息子は変わり者で、しょうがない」といいますね。息子本人もそう思っている節があります。しかし、会って話してみると、どことい って変わったところは見えません。人は、自分で思っているほど変わっていないのです。それに、「大海」に出てみて、自分の姿がわかります。外国に行ってはじめて自国がわかります。自国がわからなければ、少なくとも恥ずかしくなります。世の中にあるさまざまな情報やデータを知ることで、自分の位置がわかります。他者の本を読んではじめて、自分ならこうは書かない、ああ書くだろうという見当が付くものです。書いてみると、自分の実力のほどもわかるのです。

材料や文献を読解できて、はじめて自分の位置がわかる、自分の書くべきものがわかる、さらには、書き方さえ教わる。これが真っ当な行き方ではないでしょうか？

それに、読んで感動したから、自分も書いて感動を与えたい、と思えるのではないでしょうか？　ドストエフスキーの『罪と罰』を読んだ。一週間は頭がくらくらするほど、興奮した。いつもなら何の変哲もないものとして見過ごしている台所の包丁《ほうちょう》を手に取るのが恐ろしい。自分だって殺人者にいつなんどきなるかわからない。こんな経験をしたことがありませんか？

私自身は、かなり後に、『罪と罰』は「異常心理者」の行状録であるというナボコフの批評を読んで、納得、と思いました。ラスコリニコフのような人物設定は邪道だ、と考えます。異常心理学の偏頗《へんぱ》な理論を援用して、凶悪犯罪者を社会の異常のせいにするのと同じです。しかし、『罪と罰』をはじめて読んだときの、強迫観念に似た自虐的な興奮はいまでも忘れえません。

ドストエフスキーの作品の正否は別として、その作品と出会ったから、小説を読む面白さに触れたのです。その後も読む面白さにたくさん出会えたから、自分でも書いてみたい、書いたもので多くの人に面白さを伝えてみたい、と思えたのです。

△「文章」は「文章」からできあがっている

「読まなければ書けない」もう一つの理由があります。丸谷才一《まるやさいいち》の意見を援用しましょう。

文学に関する文学、文学をめぐる文学、文学によって生まれる文学というようないわゆる二次的文学は、一次的文学より価値が低いと、ソルジェニーツィンはいう。しかし、これは間違っている。彼が一次的文学と思っている自作の『イワン・デニソヴィッチの一日』は、ドストエフスキーの『死の家の記録』がなければありえなかったではないか。

そもそも、文学に一次も二次もないのだ。

文学は伝統によって生まれる。『古今和歌集』と『長恨歌《ちょうごんか》』がなければ、『源氏物語』はなく、『源氏物語』がなければ『新古今和歌集』はなく、『新古今和歌集』がなければ芭蕉はない。

文学によって文学を作るという原理をうんと自覚的・意識的にしたのが、二〇世紀の文学、殊にジョイスやプルースト以降の文学者たちである。（大意『低空飛行』）

丸谷はこう指摘するのです。卓見だと思いませんか？

ここで「文学」（literature）を「文字letterで書かれたもの」あるいは「文献」（literature）と読み替えても、まったく問題はありません。

その大小、強弱は別にして、先行する文学から「影響」を受けないで成立する文学などは、生じようもないということです。端的には、先行する文学のコピー（本歌取り）でない文学はありえない、ということです。

村上春樹は、日本の文学は読まない、それから影響を受けていないといいましたが、もちろん、外国の文学から影響を受けているのです。もっとも、文学史を麗々しく飾る作家たちではありません。とりわけスコット・フィッツジェラルドとレイモンド・カーヴァーの二人には決定的とも思える影響を受けました。彼ら二人の存在なしには、村上文学は成立しようもなかったでしょう。

「何年もの間、スコット・フィッツジェラルドだけが僕の師であり、大学であり、文学仲間であった」と記しています。また「僕にとって意味を持つことは彼があらゆる意味でオリジナルな創作者であったという事実だ。彼は文学史とも流派ともトレンドとも無縁に、自分自身のために小説を書いた」と述べたカーヴァーは、春樹が発見したといってもいい作家です。日本のみならずアメリカでも無名の作家だったからです。村上はまさに、『レイモンド・カーヴァー全集』（全八巻）の個人訳をやっているほどの熱の入れ方です。「文学は文学からできあがっている」の実例でしょう。

△読まない人に書く神はやってこない

「読むが書くを生む」という命題のもう一つの重要事は、「書く過程」で生じる現象に関係しています。

「すべてはじめは困難です。」書くこともまったく同じです。全体を一〇〇とすると、最初の一〇～二〇を書くためにおよそ全体の半分近くの、五〇までにおよそ七〇～八〇くらいのエネルギーを要する、というのが通常です。そして、半分を過ぎると、よほどのことがないかぎり、一瀉千里《いっしゃ》と呼ぶにふさわしい現象が生じるのです。詩神《ミューズ》が降りてくるのです。

一瀉千里とはこういうことです。半分を過ぎると、どこからともなく詩神が降りてくるのです。一人ではありません。九人でもありません。自分が読んだ本の中に生息していたに違いない神々が、まるでフラッシュバックを見るように現れてくるのです。

丸谷才一の『低空飛行』に現れた「文学が文学を生む」というナボコフ作中の詩神が、つい先ほどふっと降りてきてくれました。フィッツジェラルドもカーヴァーも私の愛する作家ではありませんが、村上春樹とともに降りてきて、その名の刻印を迫るのです。

ここまで書いたとき、恒例のわが家の野外パーティで、三々五々お客さんがというか飲み助が集まって来はじめています。ここで中断すると、せっかく降誕しはじめた神々がふっとまるごと消えそうで残念なのですが、仕方ありませんね。

やはりというか、二日酔いの頭には、詩神が宿らないのか、今のところ拍車がかかっていません。でも、神は降りてきませんが、筆（キーボードを叩く）勢いは衰えていないようです。

この詩神が降りてこないときは、もう大変です。いつまでも終わりが来ないからです。終わってはならない、という託宣が降りているのだ、と思いたくなるほど、情けない気持ちにさせられます。

でも、詩神は他でもない書物だけに宿るのです。書物を読まない人に、たくさん読まない人に降りてくるチャンスはないわけです。もちろん、書物を読むことは、必要条件で、十分条件ではありません。

当たりをつけて、構成案＝目次を作る

△先行者の諸作品が構成案の前提だ

作品の善し悪しは構成案＝目次で決まる、といいました。三分割法を遵守《じゅんしゅ》すればいい、ともいいました。しかし、目次も「無」からは生じないのです。

私が構成案でもっとも衝撃を受けたのは、哲学者のウィトゲンシュタインの『論理哲学論考』（一九二二年刊）です。私は一昨年（二〇〇四年）『超要約で世界の哲学を読む』という、哲学名著一〇〇冊を一冊三枚半で要約するというとんでもない仕事をやりました。正確には、やらされたといっていいでしょう。そこに記した文章を援用します。

——本書で、哲学的な問題は最終的に解決された

本書が書かれた理由は、私たちの言語の論理に対する誤解があったからです。

本書の意図は、思考作用、より適切には、思考の表現に境界線を引くことです。もし思考作用に境界線を引くとすれば、そのために、私たちは境界線の両側を思考できなければなりません。この境界線は、ただ言語のなかでのみ引くことができます。

もし本書に価値があるとすれば、一つは、ここにいくつかの思想が表現されているということです。この価値は、思想の表現さえもう少し上手にやることができれば、もっと大きくなったかもしれません。二つに、とはいえ、ここに報告された思想の真理性は、もはや侵しがたいもの、決定的なものであるように思われます。私としては、哲学的問題は、本質的な点では、本書で最終的に解決された、と考えます。

——世界は七命題に要約できます

世界を記述する一般形式は、複合的なものを分析して単純なものに向かい、意味の最小単位である「要素命題」を取り出し、それを順次記述してゆくことです。すなわち、

1　世界は、現実に生起していることのすべてだ。

2　現実に生起していること、すなわち事実とは、諸事態が成立していることだ。

3　事実の論理像［論理形式を実在と共有する絵］が思想だ。

4　思想とは有意義な命題だ。

5　命題は要素命題の真理関係だ。

6　論理の命題は同語反復（トートロジー）だ。

7　語りえぬことについては、沈黙しなければならぬ。

——世界とは、論理的空間のなかにある事実である

1　世界は、現実に生起していることのすべてだ。

1・1　世界は、事実の総体であって、事物の総体ではない。

1・11　世界は、諸事実によって、しかも、それらがすべての事実であるということによって、規定されている。

1・12　というのは、事実の総体は、現実に生起していることを規定し、現実に起こらないすべてのことをも規定しているからである。

1・13　論理的空間のなかにある事実が、すなわち世界である。

1・2　世界は、事実に分解される。

1・21　そのうちのあるものは、現実に生起し、あるいは生起しないこともありうる。そして、それ以外のすべては、もとのままでありうる。

2　現実に生起していること、すなわち事実とは、諸事態が成立していることだ。

どうです。ウィトゲンシュタインは、世界は基本的に七つの命題に要約できる、というのです。その七つの命題をさらに分割し、命題化して、説明してゆきます。そしていうのです。「哲学的問題は、本質的な点では、本書で最終的に解決された」と。

ウィトゲンシュタインは、真理は見いだされた、と宣言し、実践したのですから、本書をもって哲学研究から身をひき、山の中で教師をします。しかし、もう一つの主著『哲学探究』（一九五三年刊）で、問題は最終的に解決されたのではなく、そこが入り口に過ぎなかった、と表明します。それはともかく、一冊の書物で「世界」（対象＝課題）を解決する重要な「方法」の一つが語られたことは間違いないことだ、と私には思われました。

それ以降、私は、課題を命題化することに、それを簡潔明快に仕上げる方法を見いだそうとしたのです。それが私の「目次」＝命題集作成法＝三分割法です。

△キーワード、キーフレーズで決める

目次＝命題集作成で最も重要なのは、最初の命題を決めることです。キーフレーズです。キーワードでもいいのですが、フレーズにすると、思想（いおうとすること）が鮮明に表明されます。

たとえば、本書なら『まず「書いてみる」生活』が書題ですが、これを命題化して、「定年後の生活に書くことが加わると、喜びが倍加、三倍化する」となると、いおうとすること（思想）がはっきり表れるでしょう。

この基本課題＝命題に、私は序章から第五章を命題化しました。

序　章　書くことの悦び
第一章　定年後には、読む・書くが似合う
第二章　定年後に、充実した人生を迎えるために、書いてみよう
第三章　定年から書く方法
第四章　活字になってはじめて書く楽しみを堪能できる
第五章　著書のある人生をめざす喜びと自尊

です。一見して、ウィトゲンシュタインの真似のようでしょう。そうではありません。

もちろん、1↓2↓3↓4↓5とテーマが連続してつながっていきます。それでも、私

の命題の立て方は、ウィトゲンシュタインのように、「課題」全部を解決することをめざすものではありません。ここが重要な点です。

私の目次の柱となる命題は、アピールすべき点、卑俗にいえば、セールスポイントだということです。その章柱となった命題を、さらにセールスポイントを探って命題化してゆきます。この場合は、原則として三分割法です。（ただし、序章と第三章は、後から一節足しました。しかし、学術論文を書こうとするときは、最初から最後まで、三分割法で押してゆきます。論理的乱れを許さない、という慎重を期してです。）

セールスポイントですから、課題の全部的な、完璧な解決ではありません。そのような解決をめざしても、到達不能ですから、全面解決（を標榜すること）などはもともと私の好みに合いません。したがって、課題の積み残しがかならず生まれます。それに、積み残しを意識するしないにかかわらず、一冊本を書いたら、その本から、次の課題が突きつけられます。これが、本を書くと、また書かなければならない、書きたくなる理由の一つでもあります。

△柱を立てる楽しさ　想像力がわき立つ

書きはじめてから二時間、ようやく詩神が舞い降りてきました。まずは私自身が書いた『パソコンで考える技術』（二〇〇〇年刊）からです。

　三分割法というのは、もっとも簡単な言い方をすれば、キーワード、キーフレーズをまず三つ立て、それをつないでゆく、という思考法です。

　かつて、文化人類学の梅棹忠夫《うめさおただお》が『知的生産の技術』（一九六九年刊）で提唱した思考法、書き方に、「こざね法」というものがあります。「小札《こざね》」に、一語（一句）ずつ書いてゆく。それをばらまいて、任意に集める。集めた順序の「小札」の言葉をつなげて、一つのまとまった思考（文章）にする。こうすると、思いもよらなかった「独創」的な思考・発想が生まれる、というものです。

　この「こざね法」はその名前は残らなかったが、以降、広く用いられてきました。じつは、三分割法と基本的に同じものなのです。しかも、パソコンを利用すると、この「こざね法」を、おどろくほど簡略化した形で行なうことができます。梅棹さんの『知的生産の技術』はパソコン使用を前提として書かれたものではありませんが、パソコン活用思考法なのです。

　つまり、思考を、一つの連続した流れとしてではなく、特定の地点に立てた座標軸をつないでゆく作業が、思考の三分割法なのですね。右記の拙著で、以下の文章を記しました。

——最近、ふっくらした、しかし、めりはりの利いた人物論が少ない。ところが、人物論を、短文で書くと、思考技術の進化にとてもいいのである。とくに、パソコンでやると、いい。

たとえば、小沢一郎《おざわいちろう》。勝手に連想する「言葉」を打ち出してみよう。「豪腕」「悪顔」「党首」。ずらずらずらといくらでも並ぶが、三つにする。勝手につなぐと、すぐにこんな文章ができる。

「二重権力の闇に潜んで豪腕で鳴った小沢一郎。しかし、党首選挙に引っぱり出されて、その悪顔に笑顔を重ねている。にこにこと、かわいげがある一郎なんぞに意味はない。新進党が求心力を失い、ただの水膨《ぶく》れになったのも当然だ。」

一筆書きであるが、やはり、言葉＝座標を立てるのと立てないのとでは、ずいぶん違う。注意すべきは、人物論では、あまりちまちました顔に描かない方がいい。

△文章は、キーワード、キーフレーズをつなげて、埋める作業だ

しかし、やはり、どんな文章を書こうとする場合も、キーワードが欲しい。キーフ

レーズならばもっといい。それができたら、鬼に金棒。気がついたら、その都度、キーワード、キーフレーズをメモするしかない。

後は、キーワードやキーフレーズの間をつないでゆくだけだ。パソコンの最大の武器は、挿入、削除、自由自在だということだ。

AとBをつないで空白を埋めようとして、うまくゆかなければ、AとCをつなげばいいのである。順序を変えるのは、パソコンではお手のもの。そうしたからといって、モニター上に、亀裂や混乱が走るわけではない。

この埋め込み作業、壁塗り工程は、割と楽しい作業である。楽しさには、楽という要素も入る。繰り返しいってきたが、ぱたぱたと叩いているうちに、できあがってしまうのである。

どうだろう。真っ白なモニターに「小沢一郎」と打ち込み、三つのキーワードを選び出して打ち込み、それを「連想」でつないでゆく。想像力が活発に働く瞬間です。けっして困難ではありません。

目次ができたら書きはじめる

△とりあえず書きはじめることの重要さ

まだ材料が十分に集まっていない。文献収集も中途半端だ。しかも材料も文献も読み込み不足が目立つ。それでも、とりあえず目次を作ることが肝心なのです。作らなくてはならないのです。

とりあえず目次ができたら、書きはじめましょう。

「とりあえず」とは誤解なきように確認しておけば、「〔取るべきものも取らずに、の意〕最終的にどうするかは別問題とし、臨時（応急）の措置としてそうすることを表わす。―〔＝至急〕参上いたしましょう／必要な品だけ―〔＝取り急ぎ〕買い整える／―〔＝一応〕礼状を出しておいた／―〔＝一まず〕これでまにあわせよう／―〔＝差し当り〕働かなければと思った」（『新明解国語辞典』）

司馬遼太郎さんの生原稿を見たことがありますか？　見たことがない人は、物書きとして、かなり大きなものを失っているのでは、と自己懐疑してもいいでしょう。

司馬さんの原稿は、最初に書かれた文字が、ほとんどなきが如き状態に、削除と加筆が何度も加えられています。黄土、赤、黄色で消され、さながらパステル画のようだ、と注が加えられているくらい、一見すると、満艦飾なのです。

あなたはそういう原稿を見て、どんな驚きを最初にもちますか？

その推敲《すいこう》力の強さ、推敲の執拗《しつよう》さに驚くでしょうか？　たしかにそうですね。しかも、司馬さんは、ゲラ刷り（校正刷り）にもかなりの時間をかけて大幅に修正を施しています。編集者泣かせ、校正者泣かせ、印刷工泣かせだったわけです。私たちには、こんな真似の一端さえ許されないでしょう。

しかし、私が驚くのは、はじめに書かれた文章です。これは想像にすぎませんが、司馬さんは、その代表作のどれも、書き出しに凝っているように見えますが、意外と簡単に出発したのではないでしょうか？　とりあえず書きはじめた、ということです。

文章は書かないとあとが出てきません。どんどん書かないと、どんどん出てきません。全体の半分を過ぎると、すでにどんどん書いたあとでしょう。まだ書いてないこと、これから書くべきことがわかりやすくなるだけではありません。どんどん書いてきたから、加速がついているのです。

しかし、そうなるためにも、まずは書きはじめなければなりません。それに、書き進むにしたがって、不足していた材料や文献も集まってきますし、気がつかなかった必要不可欠な材料や文献もわかってくるものなのです。（ここで注意しておきますが、もう書き終えた。文献を集める必要はない、などとケチな考えは出さないほうがいいのです。一冊書けば、かならずといっていいほど、課題が残って、続きを書かなければならない羽目《はめ》に陥《おちい》るからです。書き終わってから集まってくる文献ほど貴重だ、と思って下さい。）

準備万端整ってから出発しよう、と考えるといつまでたっても出発できません。出だしは重要ですが、カミュの『ペスト』に出てくる作家のように、万人を跪《ひざまず》かすような出だしの文章を考えて、何度も練りに練り直し、ついに出発できない、ということになります。

△目次通りに進もう。しかし、目次は書く途中で変わる

勧めたいのは、目次の順番通りに書くことです。出だしというか、「序」（入り口）の部分は書きにくいので、最後に回してもいい、と思います。これまでそのように書いてきました。しかし、やはり、次善の策のように思えます。

もっとも困難なところからはじめると、遅々として進みませんが、それを突破すると、もう書けたも同然という気持ちになって、おのずとゆとりとスピード感が出てくるから

です。まあ、これは私の癖ですから、みなさんに強引に勧めていいとは思いませんが。

もちろん、目次通りといっても、章・節・項の柱（命題）は不動のものであるはずがありません。変わって当然です。しかし、可能なかぎり、最初に設定した問題性（問題の枠組みで、問題意識も入る）を崩さないのが得策です。もし変えるなら、最低でも項の柱全体を変えるべきでしょう。

もし、より詳しい説明が必要だと感じたら、項をさらに分節化してゆけばいいでしょう。私が、最初に立てた本節のすべての項をさらに三分割したようにです。

さらに、必要に応じて、節や項を増やしてゆくのは、とてもいいでしょう。

司馬さんの原稿に関して、もう一つ伝えたいことがあります。それは「推敲」に関してです。推敲とは「削ること」と見つけたり、贅肉を徹底的にそぎ落とせ、という人がいます。反して、一見して、司馬さんの原稿は削る字数より加えた字数のほうが多いように思えます。（本当は、削除、訂正、加筆を加えた一枚の原稿用紙の文字数は、升目の数とほとんど同じだそうです。このことを聞いたとき、熟練した寿司職人が握る寿司の米粒が常にほとんど同じなのと、似ている感じがしたものです。）

つまり、推敲魔の司馬にして、削っていない、ということに注目して下さい。基本は膨《ふく》らますです。水膨れは困りますが、加筆ですね。
△書きやすいところから書いていってもいいのだ
とはいえ、初心者に近い人には、目次の順序を無視して、書きやすいところから書いてゆくことを勧めます。子どもが、出されたおかずを、自分の好きな順番で食べてゆくのに似ているかもしれません。

どこから書こうが、目次の柱を埋めていって、全部を埋め終わったら、完成稿というわけです。

こういうモザイク仕立てのやり方は、論の流れが悪く、ぎくしゃく感が否めない、と思われるかもしれません。しかし、「モザイク」とは「(mosaic ミューズの神々) 種々の色彩の石・ガラス・大理石などの小片を組み合わせて、床・壁などにはめ込み、図案化したもの。またはその技法。ミューズの神々が集まって作ったかのような美しさを思わせるところからの命名という。」(『コンサイス外来語辞典』) なのです。一片一片は単色で、それがまったく無秩序に並べられている感がありますが、全体が見事に調和し、現実を凌《しの》ぐ立体的な美しさを表現します。

私は、モザイク的な美しさを醸《かも》し出そうとして、できあがった原稿の順番を意識的に入れ替える場合があります。著者にその気がなくても、編集者がバラエティを出すために、大胆に編成替えをする場合もあります。

書きやすいところから、任意の部分から書いてジグソーパズルのようにはめ込んでゆく面白さは、この意図せざる美しさ（説得力）に出会うため、詩神に遭遇するためでもあります。それに、順を追って論を展開し、議論を深めてゆくのは、正攻法ですが、ときに単調さに陥るということがあります。あるいは、あまりにも流れがよすぎて、引っかかるところがなく、嚥下《えんか》してすぐに排泄《はいせつ》、という仕儀になる場合もあります。「おまえ（鷲田）の作品がそうだった」という非難を何度か浴びたこともありますので、自戒としてこれを付け加えておきましょう。

四節　書く最大のこつは、枚数を決めて書くことにある

枚数が決まれば、目次の項目数が決まる

書きたいだけを、思う存分書く。いいですね。力が入りますね。

『昭和思想史60年』（一九八六年刊）のときです。前年の年の瀬に、戦前編を三五〇枚ほど書いて編集者に渡しました。もうへとへとに疲れていました。ところがすぐ編集者から電話があって、戦後編はいくら長くなってもいい、すぐに取りかかるべし、というのです。結局、戦後編は六〇〇枚弱を三カ月かかって書きました。これが書きにくかったのです。あとあと気がついたのですが、枚数制限がなかったからです。ないのなら、各章に必要な枚数を自分で決めて書けばよかったのですが、自由に書ける、すばらしい、と思ってしまったので、それをやらなかったのですね。

私は、一項目を二〜三枚で書くと、すんなりゆきます。（先述したように、本書では敢えて変えていますが。）一〇〇枚書くためには、三分割法で（1→3→9→27＝）四〇命題ですから、一命題（＝項）を二枚半見当で書けばいいわけです。一〇〇〇字です。いちばん書きやすい字数ですね。

目次の章、節、項、……を命題化して、埋めてゆくのは、腕の振るいどころです。それに楽しい仕事です。私は、旅先の機内やホテルで、備え付けの便箋《びんせん》等に書く習慣をもっています。これがあんがいはかどるのです。自宅では、パソコンに打ち込んでゆきます。一気にできあがることは稀です。少し時間をかけて、空想を膨らませながら、埋めてゆくのです。

もちろん、最初に全体＝主題をきめる。ただし、この命題化にそれほどこだわる必要はありません。主題がはっきりしているのなら、これはあんがい後回しにしてもいいからです。途中ないしは最後に、自然とできあがるものです。

次に、章題を命題化します。三分割なら、三命題必要ですが、四章仕立てでゆくと、（1→4→12→36＝）五三命題になりますから、一〇〇枚なら一項を二枚見当で書けばいいのです。

えっ、四〇個や五三個の命題を紡《つむ》ぎ出すのは難しいというのですか？　そんなことはないのです。一命題から三命題を引き出せばいいのです。次はその三命題から各三命題を引き出せばいいのです。常に、引き出すのは、一命題から派生する三命題なのです。

全項が同じ長さじゃ単調すぎる。こう思う人は、あとから、項命題（項題）を抜けばいいでしょう。いいたいのは、自分で書きやすい長さを決めて書くトレーニングをすることです。

私は、長編の場合は、段差をつけるために、二部構成あるいは三部構成で臨みます。そうすると、妙なもので、部は独立したものなのだから、各部のつなぎをほとんど気にしなくてもよくなります。「部」とはボリューム（volume）で「巻」のことです。

それにおもしろいもので、一冊書くと、同じテーマで続きを書かなければならなくなり、独立した書物の形をなしますが、三部構成の三冊本ができあがります。

『昭和思想史60年』を書いたあとに、昭和天皇の死の直後に『天皇論』、社会主義崩壊直後に『いま社会主義を考える』を書いて、昭和思想史の総括に、いちおうの決着をつけることができました。本が本を生むのです。

そして、一九八〇年代から九〇年代にかけて、昭和の思想史に自分なりの筋道をつけることができたからこそ、後に「昭和史」を書けという注文にも、よろこんで応じることができたのです。できあがったのが『昭和史の授業』（二〇〇四年刊）です。もう少し膨らませて、「鶯田小彌太の昭和史」にするつもりです。

さらに、戦後思想史を『吉本隆明論』で、明治中期以降から昭和前期を『柳田国男』でたどりましたが、幕末から明治中期にかけてを『福沢諭吉の思想課題』でたどろうとしてきました。最後の本は、まだ影さえもその姿を見せていませんが、注文さえあれば、すぐにでも取りかかる気持ちの準備だけはあります。

締め切りが決まれば、一日のノルマが決まる

司馬遼太郎や池波正太郎《いけなみしょうたろう》は、ともに多産家中の多産家でした。毎日、かなりの量を書き続けなければ、とうていできあがらない量を書き続けました。松本清張のように、口述筆記のライターがついていたわけでもありません。ひたすら自筆で書いたのです。それでいて、けっして締め切りを違《たが》えなかったそうです。余裕をもって書き上げたからでしょう。つまり、締め切りをめがけて書いたのであって、締め切りが来なければ書けない、というタイプではなかったのでしょう。

ドイツ文学研究者で紀行文などをものしているIさんは、締め切り日が来て、追い込まれないと、精神が発熱せず、書きはじめることができなかったそうです。当然、締め切りの約束日が延びます。ファックスもインターネット・メールも普及していない時代のことです。K市に住んでいたIさんが、東京の出版社の「最終」締め切り時間に間に合わせる最終手段は、航空便（新特急郵便）でした。指定遠隔地なら、即日配達してくれるシステムだったそうです。それで、I飛行場に出向いて原稿を書くこともあったそうです。

私も、書き下ろしで、やむをえない事情が生じた場合、たとえば、父が死んだり、突

然外国旅行をしなければならなくなったりした場合ですが、締め切りを期日を決めて延ばしてもらった経験が数度あります。百数十冊書き下ろしをしているのですから、本当の例外とみなしてもいいのではないでしょうか？

私には、Iさんとは正反対で、締め切り日が決まったら、きちんとスケジュールを立て、余裕をもって仕上げよう、という精神が働きます。非常に大げさにいえば、千里の道も一歩から、という心構えです。

締め切りが決まれば、逆算して、使える日数が決まります。三〇日の余裕というか、使える日があれば、一冊三〇〇枚を書くのには、一日平均して一〇枚書けばいい、ということになります。これなら非常に楽というか、楽しい作業になるという予想が立ちます。

もちろん、テーマによっては、書くのが難しい部分に出くわすと、まるまる一日かけても一枚も進まない、という日があります。しかし、草原を奔馬で疾駆するように、一日三〇枚程度進むことだってあります。一作書くのに、二〜三日はかならずといっていいほど、そういう日があります。またないと、後ろのほうが詰まって、しんどくなりますね。本書では、三〇枚前後こなしたのは、今日も含めてすでに三日になりました。現在、一七〇枚前後まで進んだのですから、非常に効率がいい、という勘定になります。あとは脱兎《だっと》の如くを期待できますから、本書は、脱稿するまで一五日を予定しましたが、予定前に終わることができるのではないでしょうか？

こういうスケジュール管理も、書く楽しみの一つなのですよ。私はキハラのライブラリーカードに、進行（結果）表を作ります。3.21:……, 37-21 3.22: 40-10, 43-16, 44-22, 45-2、三月二一日は三七枚の二一行で終わり、三月二二日は四五枚の二行まで進んだ、という表記です。それに、ノルマ一日二〇枚を達成した日は、赤鉛筆でマークします。（子どもじみていると思われますか？　これは大学受験以来の癖ですから、たしかに子どもじみているかな？）

私の周囲には、単行本の書き下ろしの締め切りを、一年も二年も過ぎても、本の出版の約束は生きていると思っている豪傑がたくさんいます。かつても今も、本を出版するのは、生涯を賭ける事業のようなものだから、二、三年ずれ込んでもどうということはない、と思われているのではないでしょうか？

しかし、締め切り日に間に合わなかった原稿は、よほどの理由がないかぎり、「没」になる、という習慣を身につけたい、というのが私の意見です。

よく「あとがき」に、編集者は何年も辛抱強く待ってくれた。励ましてくれた、と書かれているのを見ますね。待ってくれていたのではなく、忘れていたにすぎない場合がほとんどだ、と思って下さい。

書くことを「仕事」と思い定めよう

一冊の本を書くことを「生涯を賭ける事業」とみなすことが誤っている、といいたいのではありません。「事業」(プロジェクト project)などというと、肩肘《かたひじ》が張るでしょう。ましてや人生を賭けるなどというと、大事《おおごと》です。しかし、どんな大事に見えることでも、淡々とやりおおせなくてはダメではないか、というのが私の考えです。長続きしないからです。

定年後、書くことを生活の重要な一部に組み込むことを勧めよう、というのが本書の私の第一の目論見《もくろみ》です。生活が充実する、新しい発見に出会えるだけではありません。何歳までも、脳が働くかぎりは楽しむことができるからです。こういう楽しみや励みは、他にあまりありませんよ。

書くことで充実し、楽しみを持続させるためには、書くことを仕事とみなす心と体の構えが大切なのです。余技ではなく、日課とすることです。

仕事は、たんにパンを得るためでも、生きがいを獲得するためでもありません。仕事を生活の中心に置くから、毎日をきちんと秩序立てて送ることができるのです。就職する前は勉強でしょう。会社に行って仕事をしなくても、自分の生活を自己管理（セルフ・コントロール）できる、と自信をもっていうことができる人は、どのくらいいるでしょう。

管理だなんて、まっぴらだ。自己管理だなんて、自縄自縛じゃあるまいし、自虐ではないか。自由がいいに決まっているじゃないか！　こう思われている人が多いでしょう。

それは多くの人が、仕事は強制だ。致し方なくしているにすぎない。こう受け取っているからでしょう。そして、この「嫌な仕事」がなくなるのが、定年後なのです。じゃあ、喝采《かっさい》を叫びたいほど楽しい日々が待っている、と思われますか？

定年後を描いた傑作小説の一つに数えることができるものに、藤沢周平《ふじさわしゅうへい》『三屋清左衛門残日録』があり、こんな紹介をしたことがあります。池波正太郎『剣客商売』と対照させています。

☆『剣客商売』は金で殺人を引き受ける。しかし、仕掛け人梅安のような闇の商売ではない。主人公秋山小兵衛・大治郎親子の背後には、時の最高権力者田沼意次《たぬまおきつぐ》が控えているからだ。梅安は、殺しで稼いだ金を遊蕩《ゆうとう》に使う他ない。秋山親子に遊蕩は無縁である。☆芸で身を立てる学者、武芸者、技芸者、工芸家等々、すべて芸者である。芸者のなかでもスーパースターが、契約で仕事をする。フリーランスであり、それで食える人が本当のプロだ。秋山親子はプロ中のプロ。失敗すれば無＝死である。☆死と隣り合わせだからこそ、親子の日常は日々是《これ》好日の類である。朴念仁《ぼくねんじん》の息子と違って、六〇を超えて父は孫ほども歳の違う娘を妻とする。まことリタイア後はかくありたいものだ。☆『剣客商売』は定年後の理想的な生き方をも示している。そして、定年後の生き方を正面に掲げたのが『三屋清左衛門残日録』なのだ。激務を退いて、引退した。いよいよ悠々自適の生活がはじまる。こう思うのは主人公の清左衛門だけではないだろう。ところが寂しいのだ。嬉々《きき》としないのだ。☆人間、なすべきことがないと寂しい。読書も釣りも、仕事があってこそ楽しめるのである。そんなさまを友人が見て、臨時で非公式だが、清左衛門にしかできない仕事をもちこんでくれる。まことに有り難くかつ得難いのは友である。☆この小説には、不幸を絵に描いたような人間たちが登場する。共通す

るのは、友をもたないことだ。友のために働くことをしなかった結果である。(『歴史街道』2002/12)

定年後、嫌々やっていたと思っていた仕事が、激務が、恋しくなるのです。どうしてでしょう?「ノルマ」の仕事がないからです。ノルマ(norma)はロシア語で、一定期間内に達成すべき仕事量のことです。ノーマル(normal)とアブノーマル(abnormal)を並べてみるといい。正常(正気)と異常(狂気)ですね。定年後も正常かつ正気で生きようと思えば、仕事をする他ない、こう思い定めてほしいのです。

定年後まで仕事がついて回るのか、と思われる人には、仕事のある定年後とない定年後とでは、大違いなのですよ、といっておきたいわけです。

第四章　活字になってはじめて書く楽しみを堪能できる

はじめて著書を手にしたときのうれしさ、誇らしさ

私がはじめて自分の本を手にしたときの感激については、ちらっと書きました。書いている途中は、定職がなく、しかも二年続きの高インフレで（二年でおよそ物価が倍になった）、実質収入が半減という状態だったのです。それに、定職を得るあてもなく、いよいよ「撤退」かな、という思いが何度も書いている途中に頭をよぎりました。「撤退」とは研究者として生きる道を断念し、郷里に帰って家業を継ぐという選択です。何だ、退路を残していたんだ、と思われるでしょうが、そんな気は少しもなかったのです。しかし、そうせざるをえないのでは、という懸念ですね。実際そうなったら、私の誇りは砕けていたかもしれません。

そんな思いを振り払いながらの執筆でしたから、これが最初で最後の研究書になるかもしれない。そうなってもあきらめがつくようなものを書こう。書かなくては、という思いがつきまとったのです。

ところがゲラが出る頃、有力な就職話が舞い込みました。本ができる頃、職が決まりました。こんな幸運があってもいいのか、という思いでいっぱいでした。喜びにあふれただけではありません。大げさな表現をすれば、私は自分の研究者としての誇りを賭け

てその本を書きました。（内容はそんな気持ちに添っているかどうかは別としてです。）書き上げたとき、失いかけていた誇りを取り戻せたように感じました。真新しい本を手にしたとき、私の研究者としての最初の「存在証明」がここに生まれたのだ、としひしと感じました。

私と同じような喜びと誇りに満ちた著者の表情を、何度も友人たちの出版記念会で見て、感じてきました。ほとんどは、研究者の出版記念会ではなく、飲み仲間の出版記念会ということでしたが。

私のいきつけの居酒屋「きらく」は、初代のおかみの菅原《すがわら》さんの時代から、物書きが集まるところでした。菅原（お澄《すみ》）さん自身も、ものを書くのが好きだというか、酒場のカウンターを越えてきた客たちとの交接を綴った『札幌物語』（青弓社）という著書さえあります。

常連には（旧も含めて）、プロの作家になった渡辺淳一《わたなべじゅんいち》（直木賞）、小檜山博《こひやまひろし》（泉鏡花賞）、藤堂志津子（直木賞）、東直己（日本推理作家協会賞）がいます。セミプロの人なら、小林金三《こばやしきんぞう》、和田由美《わだゆみ》、中村嘉人《なかむらよしひと》をはじめごろごろしています。それに著書をもっている人は三〇人を下らないと思います。もっとも、プロの作家は、本が出るたびに出版記念会をやっていたら身がもちません。こちらは大きな賞を取ったとき集まる機会があるにとどまっています。

ただ書くだけでなく、その成果が著書になる。これは本当にうれしいものです。何度も何度もできあがった本を手にもち、矯《た》めつ眇《すが》めつ、一人悦《えつ》に入っている姿は、他人には見られたくないものです。身も蓋もない、それほどうれしいものなのです。

少年の頃、誰が想像したでしょうか？　自分が著書をもつなんてことを。しかし、私の飲み仲間の多くは、定年を過ぎてから本格的に書きはじめ、雑誌や新聞に書くだけでは満足せず、著書を書いています。一冊書くと、もうその時点では、これで終わり、と思うそうですが、少し間をおくと、また一冊書きたくなるのですね。

最近の出版記念会は、古い友人である中村南《なかむらみなみ》さんの『サイドショー』（柏艪舎）のお祝いでした。長い間小説を書いてきたのに、地味なため光が当たらなかった中村南さんらしい、「熟年」の出発にふさわしい会でした。この本には、東直己さんの「中村南は、この世に生まれてきて生きている、その剝《む》き出しの理不尽さを、とことん見つめているのである」という推薦文がついています。中村さんの恥ずかしそうな、しかし誇らしげだった顔をいまも思い起こします。

一節　活字にする方法

投書・投稿する

ものを書くのは簡単です。しかし、書くだけならば日記でもいいでしょう。もっとも、日記でも発表を前提としたものがあります。有名なものでは永井荷風《ながいかふう》の『断腸亭日乗』（全七巻）があります。原敬の『原敬日記』（全六巻）は、二〇歳（一八七五年）から暗殺された年（一九二一年）まで書かれており、近代日本の政治史をひもとく第一次資料です。原は、この日記執筆に心血を注ぎました。遺言には、死後数十年は秘して公開してはならないとありましたが、いつの日か公開されることを期して書かれたのです。

最近は、インターネットのＷｅｂページで、日記を公開するのが、珍しくなくなりました。私も読書日記を週一で公開しています。しかし、日記は公開しているとはいえ、「私記」（private record）です。編集者等の「判定」が入りません。九割以上が、私語というか、垂れ流し、という類なのも当然です。

書いたものを発表したい。「発表」といっても「公刊」(publication)ですね。公刊物に載《の》ることです。

明治から大正期、雑誌の「投稿」欄がものを書く登竜門になりました。博文館の『文章世界』のような投稿専門雑誌もありました。田山花袋《たやまかたい》は雑誌投稿から文章修業をはじめ、博文館に入り、後に『文章世界』の編集長(主筆)になっています。この雑誌から多くの一流作家が育っていったのですから、いまなら想像だにできませんね。

しかし、現在でも、自分の書いたものを、手っ取り早く活字にしようと思ったら、新聞や雑誌への投書や投稿が有効です。ただし投稿も投書も同じ意味です。新聞や雑誌には、かならず投書欄や投稿欄があります。普通、投書・投稿欄には規定があります。載せてもらおうと思えば、規定に合わせたテーマや枚数制限を守る必要があります。投書・投稿は掲載されなければ、ただ書いて送った、ということで終わります。公表をめざすなら、その新聞や雑誌の傾向を知って書くのがいいでしょう。『赤旗』にどんなすばらしい内容だとはいえ、憲法改正賛成論を書いて送ったら、載らないでしょう。

いまは体を壊したからなのか、目にとまることはなくなりましたが、定年を過ぎたMさんの文章が、一時、北海道新聞、読売新聞、朝日新聞等の投書欄によく載っていました。実に目配りが利いているのです。新聞の傾向にあわせて、どのような意見が求められているのかを的確に摑《つか》まえて、書かれているのです。つい感心したくなるほどでしたが、感心ばかりしてもいられません。

というのも、特に新聞の投書・投稿欄の過半は、撒《ま》き餌《え》だからです。読者の関心を引くため、投書という形を借りて、自社新聞に都合のいい意見形成を図っているのですね。つまり、投書欄に載る文章や意見は、たしかに読者からのものですが、意見誘導のために選ばれたものが過半を占めているのです。したがって、一流新聞に載ったから、自分の意見はいいのだ、文章も合格点をつけられる、評価されてしかるべきだ、などと絶対に思わないことが肝心でしょう。

ただし、積極的に自分の意見や研究を発表したいという意気込みで、雑誌に投稿するのは、チャンスがあればやってみるといいでしょう。ただし、投稿原稿を読んでくれる編集者は稀《まれ》である、と思って下さい。送った原稿のほとんどは、一ページ捲《めく》られたらいいほうで、封も切られないまま、物置の隅に山積みされているというのが実情なのですから。もちろん、コピーは絶対取って下さい。返却を求めても、勝手に送ったのですから、梨のつぶてでも、文句はいえないのです。

ただし純投稿原稿でも、編集者の手で読まれ、すぐに単行本になって、脚光を浴びることがあります。京極夏彦《きょうごくなつひこ》が講談社に持ち込んだ『姑獲鳥《うぶめ》の夏』（一九九四年刊）がその例です。後、直木賞をはじめエンタテインメントの賞を総なめにしています。こういう例は少ないといっても、一年間に一人くらいはいるのです。自信があると思ったら、長短にかかわらず、投稿するのも手です。

同人誌に書く

新聞雑誌に投稿するのは、あまりにも空漠として、手応えがない、と思われる人は、書いたものの発表場所を確保するために、同人誌に入ることをお勧めします。

同人誌には、非常に規則がやかましく、書くレベルを要求する、相互批判の激しいものから、会費を払い、例会に出て、書いて掲載されたら、実費程度を払うならば、混乱を持ち込まないかぎり、大歓迎という非常にゆるやかなものまで、千差万別です。

どこに入るかは、自由でしょう。しかし、同人誌には、中心がいます。オーナーの場合もあるし、精神的支柱の場合もあるし、指導者のような場合もあります。その中心と折り合いが付かないと、入ってもいたたまれなくなるでしょう。

それに、書いたら載る、むしろ同人のほとんどが書かない、という同人誌に入っても、ムダかもしれません。そういうところで、書いて、載っても、端《はな》から評価を受けない、無視される、という結果になるからです。

どうせ入るなら、きちんとしたところ、一定の実績のあるところ、指導者がしっかりしているところに入ることを勧めます。どういうところがきちんとしているのかは、同人誌を買って、読んでみれば、一目瞭然《りょうぜん》でしょう。

私の周りにもたくさんの同人誌があります。そのほとんどは休業閉店状態です。原因は、ひとえに同人が書かないことです。書く熱意が失《う》せていることです。そういうところが、一念発起して、いいものを書く媒体に立ち直れるかというと、これは難しい、といっていいでしょう。

世の中には、「公表」の自由が有り余るほどある。誰でも自分の意見を発表しているように、一見して、思える。過半の人が、そう思っている。しかし、そうでしょうか？

きちんと書いて、きちんと発表し、読まれ、講評される、という当然の文学マナーがむしろ弱くなった、と感じるのは私だけでしょうか？　私と同じように感じている人は、自分で同人誌を作り、同じ考えの人を募ってみるのがベターだと思います。この場合、同人誌はあくまでも発表の場であり、定期刊行をめざして下さい。月刊はハードすぎるとして、季刊、あるいは年二回くらいは最低出したいですね。

書いたものがたまったから出す、というのでは、いつまでもたまりません。締め切りを決めて、枚数を定めて書く。これが同人誌を出す目的です。

えっ、費用がかかるって、いうのですか？　それはかかります。でも、あなたの書いたものが、どこへも発表されなければ、それは作品とは呼ばれないのです。それに、誰の目にも触れないままならば、あなたの書かれたものは、誰に見いだされるというのですか？

それに、同人誌を出す費用といっても、考えられているほどかからないのです。なんといっても、パソコン原稿が威力を発揮するので、必要なのは印刷費と用紙・造本代です。これも、工夫によっては、ほとんど自前でまかなうことができます。

少し前になりますが、詩人の江原光太《えばらこうた》さんと『妖』という文芸季刊誌を出したことがあります。たまたま出会ったとき、体が元気になった江原さんを励ますためもあって、何か一緒にやりましょうよ、というので一発で決まったのです。それが、一二号出たのですから、大成功でした。江原さんが、印刷等を一人で引き受け、非常に費用が少なくて済んだ、と江原さん本人がいうのです。何だか嘘のように安い費用でした。

詩人の小池温子《こいけはるこ》さんは個人誌『すぽあ』を出しています。薄いが、通巻二五号（二〇〇六夏）で、デザインもカットも、小池さん一人の手になる、瀟洒なできになっています。いつか書かせてもらいたいと思っていた雑誌ですが、最新号にエッセイを載せてもらいました。

いずれにせよ、一人前の書き手として認められるのは、仕事人が自立するのと同じように、簡単ではありません。しかし、書いて、発表して行く道は、自分から進んで取りかかろうとすれば、自ずと道が開けるものです。それに、同じ道をゆく仲間がいると、ずっと楽になります。同人誌によるのを勧める理由です。

著書をもつ

著書をもつ意味は、人によって変わります。

小林金三さんは一九二三年生まれで、一九八三年北海道新聞社を退きますが、一貫して論説畑を歩き、最後のポストは論説主幹でした。小林さん（私たちはコバキンと呼んでいますが）は、あわせて六冊の本を出しています。どの本も、小林さんの仕事の足跡と結びついたもので、「墓碑銘」と呼ぶにふさわしいのではないでしょうか。
①『ベトナム日記　父といっしょに考える』（一九六七年刊）、②『小樽・街と家並み　小林金三画集』（一九八四年刊）、③『木鶏の記　ある新聞記者の回想』（一九九〇年刊）、④『白塔　満洲国建国大学』（二〇〇二年刊）、⑤『小ば金　冬青山房雑記』（二〇〇五年刊）、⑥『論説委員室　セミドキュメント60年安保に賭けた日々』（二〇〇五年刊）です。八〇歳を過ぎて、ますます元気の感がありますが、酒以外に唯一たしなまれる絵画を除いて、自分の人生をこの世に留めおかまし、という執念のようなものを感じます。青春の一コマをそこで刻んだ満洲国建国大学、新聞記者としてかけがえのない経験をした60年安保闘争とベトナム戦争、さらに人好き丸出しの小林流人間づき合いを綴ったエッセイは、まさに小林さんの自画像と呼べるもので、これはこれでいい、と思います。
一つだけ付け加えておくべきことがあります。新聞人は、書くのが商売だから、小林さんのような書く人がわんさといるとお思いですか？　違うのですね。記者で書く人は稀なのです。小林さんはそんな稀な人の代表選手なのです。

中村嘉人さん（私たちは会長と呼びます）は、一九二九年生まれで、長く経営のオーナー・トップを務めた人です。還暦直後、役職を辞して、部下たちを大あわてさせ、書く人へと大転換を遂げた人です。中村さんが、還暦を、したがって普通の意味で定年を過ぎて、俄然《がぜん》書きはじめたのには、大きな理由があります。中村さんの世代は、最後の旧制高校卒で、独特の仲間意識に満ちた青春時代を送ります。大学では新聞部に入り、物書きをめざしますが、編集者で食いつなぐのがやっとで、ついに都落ちをします。ビジネスでは成功しましたが、自分の青春時代にめざしたものを実現しよう、というわけで書きはじめます。意気込みが違いますね。旺盛に書きはじめました。でも、処女著書が出たのは六六歳の時です。

①『古い日々　さる日、さる人、さる町の』（一九九四年刊）、②『ロマノフ家のオルゴール　堀江オルゴール館物語』（一九九四年刊）、③『時代小説百番勝負』（共著　一九九六年刊）、④『池波正太郎。男の世界』（一九九七年刊）、⑤『定年後とこれからの時代　ますます意気盛んな「人生の愉しみ方」とは』（共著　一九九九年刊）、⑥『経営は人づくりにあり　日立ソフト・成功の秘密』（二〇〇二年刊）と短期間に力作を出していきます。そして、満を持すかのように、去年から、作家をめざして夢やぶれた自分の青春時代を書きはじめました。

小林さんと中村さんの書く動機・目的は、逆方向を向いていることがわかります。しかし、いずれも、自己の存在証明が著書に託されていることがわかります。それにしても、二人とも、本の表題にかならずご丁寧にそのものズバリの副題をつけています。想いが強いのですね。

しかし、小林、中村ご両人のように、著書を遠大なものと考える必要は必ずしもありません。つい書けてしまい、著書をもってしまった、というのもありでしょう。名刺代わりに著書がなくては、仕事にもありつけない、というのが知的な生き方（ライフスタイル）を探る人に共通な感情ではないでしょうか？　いやな言い方になりますが、知的アクセサリーとしての自著です。ブランドものや光りものに走るマナーよりはまだましかと思えるのですが。

二節　「書かれたもの」（作品）があなたの分身である

重要なのは、書きたいものがあることだ。しかし……

一九六〇年代末から七〇年代にかけて、「生きがい論」がはやりました。言葉自体は神谷美恵子《かみやみえこ》さんのものですが、思想はマルクスに発するものです。

マルクスは、一八世紀から一九世紀の西洋思想の正統派たちが提唱した、人間の本質は労働＝仕事である、その労働が生みだした成果＝作品に示される、という根本理念を受け継ぎました。つまり、人間の本質あるいは価値は、神から授かったものでも、血統すなわち身分でもない、その人が成し遂げたものの大きさによってはかられる、という考えです。

しかし、マルクスは、資本家が支配する階級社会では、労働者は資本家に雇われ、労働は資本を増殖するためのものである。労働は人間の本質であるとはいえ、強制された労働であり、労働の成果は資本家階級に属し、労働者がより多くの生産物を生みだせば生みだすほど、労働者本人ではなく、資本家を富ます。その結果、人間の本質活動である労働過程のなかで、労働者は自由も喜びも感じず、疎外され、労働が終わったとき、はじめて解放感を味わう。こう述べたのです。いわゆる労働疎外論です。

高度経済成長の結果、ようやく生きるために働かなければならないという貧困状態を脱した日本人が、労働に自由を感じず、労働の外に、アフター・ファイブに自分の生きがいを求める意識を理念的に支えていたのが、マルクスの労働疎外論だった、ということは知っていてよいと思います。

しかし、労働＝仕事の外に、人は生きがいを、生きる本分を見いだすことができたでしょうか？　そもそもできるのでしょうか？　自分が生みだしたもの以外に、自分を証明するものはあるのでしょうか？

こんな例で考えて下さい。狩野永徳《かのうえいとく》は、織田信長《おだのぶなが》や豊臣秀吉《とよとみひでよし》のお抱え絵師でした。彼は、安土城《あづちじょう》や桃山城《ももやまじょう》、そして京都の聚楽第《じゅらくだい》の障壁画を描きました。もちろん、その建物も絵も信長や秀吉の所有するところのものです。作者永徳はそこに自由に出入りすらできなかったでしょう。でも、作品は彼に属していませんか？　彼の仕事＝障壁画は彼の分身でしょう。彼に対立し、彼を疎外する敵対物ではないでしょう。

たしかに、自分の仕事が、仕事の結果が重荷となり、自分を苦しめ、圧殺しかねないような例もあります。その場合も、仕事を逃れるのではなく、仕事をやり抜くか、仕事を棄てる場合も、別な仕事でもってその重荷から逃れる他ないのです。

狩野永徳は類《たぐ》い稀な天分をもっていたから、彼の生みだしたものは永遠に残る芸術品だったから、それが彼の分身だ、といえるのだ。こういうかもしれません。しかし、描くも書くも、天才も凡才も、事柄の本質は同じだ、といってみましょう。

上手くあろうが下手であろうが、賞賛を得ようが罵倒《ばとう》を浴びようが、莫大な代価をもたらそうが何の利益ももたらさなかろうが、彼の仕事によって生みだされたものが彼の分身（＝彼の本質の対象化）に他ならないのです。「子ども」というわけです。その分身＝子どもが、彼に反逆したり、彼の名誉を傷つける場合でも、分身であることにかわりはありません。

ということは、何を意味するかといえば、あなたはあなたの分身になるであろうものに、あなたの全精力を注ぎ込むこと以外にはない、ということです。子育てでも、仕事でもまったく同じでしょう。書くということに関していえば、あなたが書きたいものを、全精力で書くということです。

書く、書くというが、書けばいいんじゃない。もっと大事なことは、書くべき大事なことをもっていることだ。こういう人がいますね。でも、思うに、大事なこととは、「戦争を根絶させるために」や「政治汚職を断て！」というような重大と思えるテーマである必要はありません。このようなテーマは、むしろ、戦争を根絶させることはできないがゆえに、あるいは、政治汚職はなくならないがゆえに、できもしない課題を誇大に語るインチキな場合がおうおうにしてある、ということに気づくべきでしょう。

ところが、ここがむしろ大事なのですが、書きたいテーマが最初にあるのは稀なのです。書くと、書いてゆくと、書くべき重大な課題につきあたるのです。これが偽りのない事実です。書かなくては死ねないというほど重要なテーマは、おそらく生涯手をつけることができないのではないだろうか、と思ったほうがいいのではないでしょうか。

書かないのに、書くべき重大なテーマがあるという人は、書きません。正確には、書けません。遠大すぎて、手に余るからです。

どう書いてもいいのだ

私は「書く方法」をやかましくいってきました。使い方を知るだけでなく、トレーニングしなければならない、ともいいました。でも、ここではどう書いてもいい、といってみようと思います。

私はいまでも三分割法を用いて書いています。特にレジュメ（私の場合、目次はレジュメと同じです。Contents あるいは a table of contents です）を作るときは、講義用であれ、講演用であれ、論文用であれ、著作用であれ、三分割法を基本にしています。

昨年の夏、常連の集まる飲み屋でいくらか議論になったことがあります。

小林金三さんの新しい作品の副題に「セミドキュメント」という言葉がついています。著者がつけたのではなく、編集者の注文でついたのです。小林さんはそれに不満で、おれのが小説でないのなら、司馬遼太郎の『坂の上の雲』なども小説ではない、小説としても面白くない、といったのが発端でした。それに同調したのが、ひさしぶりに姿を現した中村至《なかむらいたる》さんで、「定年」間際の高校の校長です。この酒場、一種の文学道場になる場合がありますが、そのときがそうでした。

当然というか、私は反論しました。これでも、司馬遼太郎「論」を書いている本人です。というのも、司馬さんの小説観はかなり異質だからです。しかも、『坂の上の雲』は、小説は何を書いてもいい「器」だ、といいきっている司馬さんにして、なお、素材としても小説に馴染《なじ》まない、と述懐しているからです。小林さんも中村さんも、そのことを知らないのか、忘れたのか、司馬さんの『坂の上の雲』やその他の作品には、突然話の流れを中断して、司馬さんの生の声がえんえんと挿入されるという点を挙げて、司馬さんのは小説ではない、といっているのですね。

小説に定義を与えたのが誰だかご存じですか？　小説は、近代ヨーロッパで生まれました。ヨーロッパ人は定義好きでしょう。当然、ヨーロッパ人、たとえば『恋愛論』を書いたスタンダールあたりかな、と見当をつけた人もいるのではないでしょうか？　ところが、わが日本人の坪内逍遙《つぼうちしょうよう》なのです。ズバリ『小説神髄』のなかで、「小説の主脳は人情なり。世態風俗これに次ぐ」と断じたのです。この定義に基づいて、最初に書かれた日本の小説が二葉亭四迷《ふたばていしめい》の『浮雲』です。そして、この逍遙の定義が後の小説観を決定づけました。

司馬さんを「文学者」ではない、という人がいます。これも司馬さんの小説の書き方から来ています。なぜ司馬さんは小説という形式を好んで、あるいは選んで書いたのでしょう。それは、繰り返しになりますが、小説は何をどのように書いてもいい文学形式である、とみなしているからです。逍遙の小説の定義とはかけ離れているでしょう。

小林さんは、ご自分の書かれた『論説委員室』や『白塔』は小説である、と強く主張したいに違いありません。ならば、司馬さんの歴史小説も、立派な小説でしょう。『菜の花の沖』は司馬さんの作品のなかでは、「人情」が横溢《おういつ》した作品になっていますが、それればかりではありません。特にその後半は「ロシア論」です。しかも、ロシア史の専門家さえ書きえなかったロシア国とロシア人の「本性」を如実にした、ロシア史の基本文献の一つに挙げなければならないほどの、高度で詳細な議論が展開されているのです。

このロシア論を切り離したら、『菜の花の沖』の作品の価値は下がる、といいきることは私にはできません。しかし、司馬さんならいうでしょうね。ロシア論を切り離したら、この作品は死に体になる、と。

小説はどんなことも許される自在なジャンルである、と司馬さんはいっているように思えます。しかし、小説だけがそうなのでしょうか？　小説の対極にあると思われている学術専門書はどうなのでしょう。フィクションじゃない、といいきれるのでしょうか？

科学はフィクションです。しかも、純粋フィクションです。哲学はフィクションです。数学は科学でしょうか？　哲学でしょうか？　でも、間違いなく純粋フィクションでしょう。歴史は事実に基づこうと努力していますが、事実を並べても歴史にはなりません。書かれたものです。それに、歴史学は理論《セオリー》でしょう。理論は紛《まぎ》れもなくフィクションです。

ここではこれ以上のことは述べようとは思いませんが、以上の意味で、作品はどのように書いてもいい、フィクション＝虚構である、というわけです。

書かれたものが、書きたいものなのだ

一冊、書き下ろしで書き終えたときの「快感」は特別のものです。大小にかかわらず、頂点に達したとき、大事業を成し遂げたときの気持ちに似ています。「征服感」というと、いやな意味に取られがちですが、目的をたった一人で終えた、という達成感です。

しかも、一冊書くには、一人で、一字一字を書いてゆかなければならないのです。アドバイスしてくれる人はいるかもしれませんが、ガイドや助力者はいないのです。自分の頭と手だけが頼りなのです。手作り《ハンドメイド》の時代といいますが、書くとはまさに今も昔もハンドメイドなのです。

ところが、これを編集者の手に渡し、ゲラ（校正刷り）が出てき、何度も校正するうちに、げんなりしてくるのですね。普通、書き上げてから一冊の本になるまで、三〜六

カ月かかります。その間、多い場合は三回校正刷りを読まなくてはなりません。最初のゲラ刷りを見たとき、たいていの人はビックリします。毎ページ、出版社の校正者の「赤」(鉛筆による誤植、記述間違い、意味不明、差別語等々の訂正と注意書き等)でびっしりゲラが埋まっているからです。まさに、欠陥商品さながらの無様《ぶざま》な姿をさらしているようなのです。(じつは、ゲラに赤が入っていない作品は、すばらしい、と誤解しないで下さい。それは校正の手抜きを示すに違いないからです。)それに、編集者から、これは「無用」な記述だとか、ここはもっと丁寧に説明すべきだとか、という注文がいくつも入っています。

「心血」を注いで仕上げた私のかけがえのない作品が、ゲラ刷りとはいえ、無惨にも切り刻まれて出てくるのです。ここで、はじめて本を出そうという人は、打ちのめされます。一字一句でも勝手に変えられては、自分の分身が、他でもない自分が傷つけられた、と感じるのですね。(自分の子どもが、学校で教師に怒鳴られ、叱られるのに耐えることができない程度の人は、この段階で心が砕けてしまうでしょう。)

でも、どんな達意の人、ベテランでも、誤字脱字、誤記、勘違い、否定が肯定になるような文章上の誤り、主人公の名前が変わるほどの記憶違いなどということまで含めて、

「誤植」は限りなくあるのです。

さて本が装丁されて、見本刷りという形で届きます。このときのうれしさは、何度も書きましたが、特別のものです。それまでの錯誤、失意、挫折感が雲散霧消するほどのものです。何度も歓声をあげたくなります。そして、本が書店に並ぶと、これはもう、居てもたってもいられません。

銀座の近藤書店という本屋さんでのことでした。この本屋さんは、大きくはないが、二階に人文系の本が充実していました。時間待ちで立ち寄ったときのことです。私の出たばかりの分厚い本が一冊置いてあります。心ときめくこと、尋常ではありません。ところが五〇代の男性が、その本を手に取り、カウンターのほうに向かうのが見えるではありませんか。五千円もするのですよ。心臓が爆発するほどうれしさがあふれましたが、そんな気配を見せるわけにはゆきません。狭い店内でもありました。それで、心のなかで、その男性に向かって最敬礼しました。

ところが、妙なもので、本が出てから一月もすると、あんなにうれしかった感情が萎《しぼ》んでゆくのです。自分の本も手に取るのさえおっくうになります。好意的な人が、こんどの本はいいね、といってくれても、生返事しがちになります。原稿段階、ゲラ段階、見本が出てからと、もう何度も何度も「通読」しているのです。正直、手に取りたくない、開きたくない、読むなんて、という感情が頭をもたげてきて仕方ありません。飽き飽きするのですね。

それに、自分の本にかかりきりで、他の本を読んでいないのです。読書好きの虫が騒いでいるのです。自分の本と比較して、店頭や店奥に顔をのぞかせている本たちの何と新鮮なことでしょう。あれやこれやで、あんなにも自分の心を締めつけるほど歓喜を呼び起こした自分の分身である本が、無様な姿を書店にさらしていると思うと、鬱陶《うっとう》しくさえなるのです。どうしようもない子に育ったわが子のように感じてしまうのですね。極端な場合は、こんなダメ子を殺して、私も死ぬ、という感情さえ、じわりと押し寄せてきます。厄介でしょう。

でもどうでしょう。一年は早すぎますが、五年もすると、否、二〇年もすると確実に、わが分身が、まったく違った輝きで私を迎え入れてくれます。よくもまあ、こんなにすばらしいものを、かつての私が生みだしたんだなあ、という感慨が甦《よみがえ》るのです。それほど、かつての自分の分身に、はじめて出会ったような新鮮な感じが湧きあがるのですね。ああ、生んでいてよかった、生きてきた紛れもない証明であり、死守すべき宝だ、こう思えるようになるのです。この感情は、本を書いて残さなかったら、とうてい味わうことができないのです。

こんな感情が、本を書いて、残す、公的ではないが、自分自身にとっての大きな意味だと思われませんか？

三節　書かれたものは一人歩きする

「批判」は辛い

「書きました。批判して下さい。どんな批判にも耐えます。よろしくお願いします。」著者のこういう言葉を信用しないことにしています。そうとう手加減し、数点にわたって批判点を指摘したにすぎません。ところが、悪口をいわれた、私の真意を理解してくれていない、あなたの批評なんて信用できない、おまえの人格は曲がっている、という態度に出られるのです。

そういうおまえ（鷲田）は自作の批評に対してはどうか、と聞かれるでしょうね。批評されることはなんにしろ嫌なものです。えっ、いい批評は「されてもいい」じゃないか、ですって？　そう単純ではありません。

本も読まない、定見もない、駄文しか書かない人に、「すばらしかった！　感動した！」といわれたらどうしますか？　アホか、と思いませんか？　おまえのようなバカに褒《ほ》められたら、かえって落ち込む、といってやりたくなりませんか？

励まされるような批判ならいいじゃないか、と思いますか？

短編が一作だけ、雑誌の懸賞小説部門の佳作に入った経験がある男に、「こんどの作品はまあまあだ。しかし、もっと重いもの、人生を賭けるような本格ものを書け！」といわれて、納得できますか？「おまえに、本格ものがわかるの？　ミステリーじゃあるまいし。そんな偉そうな口を叩くのなら、一つ見本をお見せ願いたいものだ。」こういってやりたくなりませんか？

何を隠そう、私は毒舌で通っています。つい、アホにはアホと、できもしないことを他人に要求する奴には、トンチキ（頓痴気）といってしまいます。軽率ですね。

私も、長い間書いてきましたから、ときに新聞や雑誌で批判したり、されたりすることがあります。見当違いの批判をされたこともあります。あるいは、「靖国問題」について書け、とH新聞の文化部長に注文を受けて書いたところ、同じ日の紙面に、私のものを批判した北大の山口二郎《やまぐちじろう》のものが載った、という経験をしたことがあります。これは明らかにルール違反だと思います。お客に招いておいて、同じテーブルに喧嘩《けんか》相手を呼んできて、口論させようというのですから。でも、こういう目に、もう一度遭ったことがあります。雑誌や新聞の論調に合わないことを書いて、没にされたことは、何度もあります。つい最近もありましたね。めげない、めげない、といい聞かせています。

そういう場合、どんなに腹立たしいとわかっていても、私の取る態度はたった一つ、と決めてきました。開高健が取ったのと同じ態度です。

第一、書いたものの上で、私怨《しえん》は、私憤は晴らさない、です。

第二に、批判が的はずれな場合は、黙殺する。直接いわれた場合は、短い言葉で返す。これが礼儀でしょうね。

第三は、これが最も重要なのですが、批判が肯綮《こうけい》に当たっている場合、言い訳、批判には批判で答えなければならないという敵愾心《てきがいしん》等を全部封殺して、じっくりと実作で答えてゆく、というものです。

負け犬の遠吠《とおぼ》え、あるいは数を頼んでの相手の封じ込め、非文学的なマナー（じつはこれが物書きの「常道」ともとれるほど多いのです。編者や経営者にねじ込んで、自分を批判した者を干し上げたり、編集者を攻撃する恫喝《どうかつ》）を厳重に禁じることです。

人間をダメにする最強で最簡単な方法を知っているでしょう。「褒め殺し」です。

誰でも褒められたらうれしいものです。ましてや、自分の分身とも思っている著書を、わざわざ買って、読んでくれた。その上、賞賛措《お》く能《あた》わざるのです。多くの人の前で、その賞賛を披瀝《ひれき》さえしてくれる。うれしくないわけがありません。舞い上がるでしょう。でも実体のない賞賛です。実力がともなっていません。聞く人は心のなかでは、せせら笑っているのです。だから、舞い上がりが高ければ高いほど、墜落の衝撃は強いのです。そのショックで二度と立ち上がれない、というケースをどんなにたくさん見てきたでしょう。

「黙殺」はもっと辛い

私の最初の著作は、書店では幸運にも売れました。大した数ではありませんが、はじめてものを書いた人間としては、重版というのはそれ以上の幸運はない、と思ったらいいでしょう。

しかし、私の著作は、私の主任教授はもとより哲学科の教師、先輩同輩後輩学生のすべてから、そんな本はあったのか、という扱いを受けたのです。しかも、政治理念と行動をともにしている政治結社の仲間からは、勝手に著書など出しやがって、という隠然たる非難を浴びたのです。一言でいえば、黙殺であり、無言の処刑判決です。これには堪《こた》えました。

でも、私が耐えることができ、書くのをやめずに活動してくることができたのには、理由があります。一人の哲学者のマナーから学んだのです。デービッド・ヒューム（一七一一〜一七七六）です。みなさんも参考にして下さい。

ヒュームは、カントの独断の夢を覚ました学者として有名ですが、もちろん、カントから独立した思想家です。二〇代、独学同然の形で、後に哲学史上屈指の名著とされる『人間本性論』を書いて、自費出版しました。ところが、売れなかっただけではありません。各方面に贈ったのに、まったく何の反応も得ることができなかったのです。黙殺されたのですね。

若くて、しかも自分の才能を疑っていない人が、その才能を賭けて出した自信作に何の反応もなかったのです。普通なら、どうするでしょう。落胆するだけではありません。

読者の愚かしさを呪ったに違いありません。「私の作品は、読者が理解するには、一〇〇年早かった」という人の言葉を、私も何回か聞いたことがあります。こんなすばらしい本を理解できないヤツらはアホウ、バカの類だ、というわけです。

ヒュームは違います。落胆はしました。しかし、自分の才能と作品を疑わなかったとはいえ、彼は、この本が売れず、読まれず、黙殺されたのは、自分の「マナー」（書き方）が悪かったからだ、と考えたのです。

つまり、どんなに正しいことを語っても、それが読者にとってリーダブル（読んで理解できるもの）でなければ、ダメなのだ、ということです。彼は、この処女作を、書き換え、読みやすくする努力を欠かさず、ついには、英語の模範文章家といわれるほどの書き手になり、イギリス最初の「独立」した著述家、とさえいわれるようになったのです。もちろん、処女作は、広く再評価され、彼の代表作とみなされました。（ここで「独立」した著述家とは、国家をはじめ、自分以外のどんな団体、個人の援助がなくとも、自分の恒産だけで生きていけるだけの収入のある著述家のことです。この場合、「恒産」とは、利子だけで十分豊かに生きることができるだけの大きさの資産のことです。）

ヒュームさえそうだったのだ、私なぞは、という気持ちですね。あなたの主著はどれですか、と聞かれたら、あなたはどう答えますか？　私なら、次回作です、と答えようと思ってきました。しかし、そう答えることはなかなか難しいものです。自信がなくてはいえないでしょう。もっとマナーのいいものを書こう、書くことはできる、とは思いますが。

黙殺されるくらいなら、どんな罵倒でもいいから批判されるほうがいい、といわれるほど、黙殺は辛いものです。でも、こういうことがあるのです。

とにかく反響を気にする人がいるでしょう。ちょっとでも自分の著作が触れられていたら、その触れた人に面会をして、お礼をいうだけでなく、どういう点がよかったか、他にアドバイスはないか、などと根掘り葉掘り聞きたがる人がいます。自分の分身が目にとまった。寸評にせよ、注記された。うれしくないわけがありません。でも、ここでぐっと抑えましょう。

自分の作品がよいと思ってくれた人には、次回作を贈るに留めましょう。書面で簡単に、触れていただいたお礼をいうのはかまわないでしょうが、藁《わら》をも摑む気持ちで相手にまとわりつくと、かえってあなたの評価を落とす結果になると思ったほうがいいでしょう。

独立した分身だ。万事、朗らかに

自著はかけがえのない「分身」です。しかし、「自身」でも「生身」でもありません。ここでも、分身である子どもとの比喩《ひゆ》が成り立ちます。子どもは分身ですし、ある時期までは、親に帰属します。しかし、親から生まれたとはいえ、ある瞬間から、別な人格になるのです。つまり、別な意思も意見も行動も行なう主体になるのです。そして、ある時期を境に、自立をはじめるのです。自立の時期は個人差がありますが、親から自立できない子ども、子どもから分離できない親は、ともに半人前＝半人間です。

著書もそうです。いったん著者の手を離れ、書店に並ぶと、著者のものではありません。著者の人格から独立したものになります。逆に、著書が、著者自身を苦しめ、支配することだってあります。少なくありません。駄作を書いて、出したら、もう取り返しがつきません。あなたが、次作で失策を取り戻さなかったら、その本があなただと思われ続けるのです。これは辛い。

通常、著書は、読者や同業者から評価を得て、どんどんその価値を高めてゆきます。

著書自体は少しも変化がないのに、どんどん成長してゆくのです。肥大化し、奇形化してゆくことだって稀ではありません。その結果、作品が著者を絞め殺す、あるいは墜落させる場合だってあるのです。

読者は「成長」あるいは「肥大化」した作品をモデルに著書を裁断する、これが普通の読者の心理です。

藤堂志津子は本名で「マドンナのごとく」を書きました。彼女の出世作です。そこに「共同便所」というキーフレーズが出てきます。二人の恋人に、自由かつ平等に、自分の肉体を提供する、奔放な女性の行為をさしてのことです。これを一読した人が、著者自身とこの主人公をだぶらせて理解し、「まあ藤堂さんて、なんていう女！」というように、まったく間違ったフィクションの読み方をするものなのです。しかも、その後、直木賞を取って、藤堂さんは、ますます自由奔放な性行為をはかる女性を登場させる恋愛小説を量産しはじめます。多くの読者間に、藤堂という作家は四六時中不倫を考えているエッチなヤツに違いない、という評価ができてしまいます。

これは作家を襲う不可抗力と思って下さい。この評価に抵抗して、作者と作品の主人公とは違うと、懸命になって火を消して歩いても、もうぼうぼうと火炎が上がったあとです。藤堂さんは賢明ですから、火を消そうなどという愚は犯しません。また、自分からスキャンダラスな発言をして、いっそう強く炎を起こすなどということはしません。そういう無駄な努力は一切禁じています。本当に人づきあい悪く、つつましく（？）原稿書きの淡々とした毎日の生活を送っています。（などというと、私が藤堂さんの私生活をいかにも知っているようですが、まったく知りません。知りたいとも思いませんが、友人たちの話から、ときに出会って立ち話するなかから、窺《うかが》い知ることができる姿をもとにしているのです。）

でも、ここがいいたいのですが、著書が著者から完全に独立して、まったく別な人格をもつということは、冷静に対応しさえすれば、これほど著者にとって悦ばしいことはないのです。逆に、著書が著者と等身大のままで終わっているというのは、著書の成長がない、著書が独自な生命をもって羽ばたいていない、という証明なのです。

ベストセラーを嘲笑《ちょうしょう》する人がいますが、ベストセラーほど何というか、快感を味わえるものはないのではないでしょうか？　神田の三省堂に入ったときのことです。ワゴンといって、数百冊が入る移動車（白雪姫が乗った馬車で上部がないヤツです）に、私の本が入っているのです。図々しいことでは人後に落ちない私ですが、直視できなかったのです。もうボーッとしてしまい、ついフラフラと書店から逃れ出てしまっていました。すぐあとで正気を取り戻したとき、なぜカメラをもってこなかったのか、という後悔がわきました。証拠写真を撮れなかった無念が残ったのです。

棚に並んだまま一冊も売れたようにもみえない本も、ワゴンにどんどん手が伸び買われてゆく本も、私の本ですが、商品です。売れて、おまけに読まれたほうがいいに決まっていますが、そこは落ち着いて、もう私の本ではない、私とは無関係の本である、と思うのがいいですね。自分の本とは、朗《ほが》らかにつき合いたい、これが私のマナーであり、お勧めしたいものでもあります。

あなたが書かれた本はどんな運命をもつでしょうか？　それを知るのも、本を書く楽しみの一つですよ。

第五章　著書のある人生をめざす
喜びと自尊

一冊書くと、あと二冊書かなければならなくなる

ある程度材料が集まり、目次ができれば、踏ん切りをつけて書きはじめるのがいい、といいました。その理由も、記したように、完全を期してから書きはじめる、という行き方では、いつまでたってもはじまらないからです。

また、どんなに完全を期して書きはじめても、またどんなに完成を期して書いても、できあがったものは、完全ではありません。完全なものを書こうとすれば、絶対に、書き終わることはできません。いつまでも未完のままです。

ということは、とりあえずはじめて、とりあえず終わる、というのがベターだということです。そんないい加減なことでどうする、と思われるかもしれません。とりあえずはじめ、終わるといういい加減は、どうでもいい、という無責任な行き方ではありません。ものには限度がある、程度をわきまえて、ということです。そして、この「いい加減」が、「程度をわきまえて」が、意外と難しい、ということです。

というのも、程度を「わきまえる」のは、「自分」以外にないからです。わきまえる判断には、決まったモデルがなく、頼れるのは自主判断だけなのです。

それで、私は、枚数制限と締め切り期限をつけることを、ここでも重要だといいたい

わけです。三〇〇枚になったらやめよう、今月中に仕上げよう、というのがこの原稿を書きはじめたときの自主的「程度」のわきまえです。そんな外形基準に頼ってどうする。問題は内容の完成度ではないか。こういわれるかもしれません。その通りです。

しかし、三〇〇枚、月内、これである程度の完成度のある作品を書き終えるのです。そこでできあがったものが「程度をわきまえた」作品である、と判断＝観念するのです。するとと、どうなるでしょう。

書こうと思ったもの、書こうと思わなかったが書いたほうがよかった（と思える）もの、が残されますね。残念ですが、書き残されたものは、急いで考えもなしに中途半端に付け加えられると、かえって生煮えのため、作品全体の価値をいちじるしく下げるものになります。

つまり、一冊書くと、次に書くべき課題が生まれるということです。次に書くべき課題が見えてこない作品は、完結しているように見えて、意外とつまらないものです。小さくまとまって、誘発するものがない、というわけです。

私の経験則では、一作書くと、あと二冊分書かなければならなくなります。三部作で一冊とすると、ある程度以上に完成度が増した作品を期待できる、というわけです。

どうです、書くという仕事は、なかなか奥が深いと思いませんか？　一冊書くごとに、次の課題が生まれるのです。終わりがなくてしんどい、と思われるでしょう。そうでしょうか。じつは、好みのところで、終わりにすることができる、ということでもあるのです。妙でしょうか？

また司馬さんを出しますが、その『新史太閤記』は誰も書きえなかったほど豊臣秀吉の人間魅力を存分に描いています。しかし、秀吉が天下を取った後には、まったく筆を進めていないのです。まるでその後の秀吉の人生はおまけである、あるいはなきがごときだ、見方によっては、嫌いで感心できないから省いた、という体なのですね。太閤の「史記」としては、まったく不十分に思われるでしょう。でも、そこが『新史太閤記』の魅力である、ということができるのです。まだ司馬さんの場合はましでしょう。

思うに、ある人物の伝記を書こうとして、その人物が生誕する以前のことだけに物語を限定して書くのも、伝記の書き方だといえるでしょう。あるいは、彼の死後をえんえんと書く伝記があってもいいのではないでしょうか？　いずれにしろ、彼の生きたさまは顕在化していますが、彼の生前も、死後も、そうではないからです。

とはいえ、本最終章がめざすのは、書くことの外側の部分、環境問題です。じつは、これもないがしろにできない問題なのです。私は、この書く環境問題を重視する一人です。環境は、じつは外側の問題、形式的な問題ではないのですね。

一節　書斎のある人生

書斎がなくて、何の定年後ぞ！

△定年後の書斎の実態　居眠りする場所

定年になる。ようやく望むような自由に使える時間ができる。書斎も造った。作りつけの棚には、読みたいと思って買ったが、ついぞ手も触れたことのない本の背も多数並んでいる。広い、合板だが注文であつらえた机もある。さあ、残る時間、読書の時間に浸《ひた》りきろう。こういう思いを抱いて、定年後に備えて書斎を新築あるいは改造した人はかなりいるのではないでしょうか？

しかし、残念ながらというか、当然というべきか、読書だけの書斎は、寝るだけの部屋に変じるのです。時間つぶしのためだけに、ひがな一日読書にかかりっきりというのは、じつのところ、とても難しいのです。読書は、いったようにテレビや音楽と違って受動的なものではなく、能動的なものである、ということもあります。気持ちが前向きでないと、長い読書は難しいのですね。

私たちが読書を欲するのは、基本的に、忙しくて、心の渇《かわ》きをいやすための場合が多い、というのは誰もが経験することでしょう。これには若いときも老いたあとも、変わりがないのです。

しかし、定年後も、仕事がある、特に書く仕事がある場合、読書は仕事の重要な部分でしょう。仕事のために本を読むなんて、読書の醍醐味が消える、とお思いの人は、大して読書をしていない人と思っていいでしょう。仕事のために読む本は、それはもうきりがありません。どんどん読めます。面白くなります。前向きに本と格闘しなければならなくなります。もちろん、読書に没頭できるには、専用の読書室、書斎が必要になります。そうなれば、読書室といっても、仕事場に違いありません。

定年後、書斎をもつとは、何も贅沢《ぜいたく》のためではありません。会社や職場にあった仕事場やデスクが、自宅に変わったのですから、当然の措置なのです。

△コンピュータ時代の書斎

コンピュータ時代です。個人的にはデジタル時代、といったほうがいいでしょう。書斎も大きく様変わりします。

一五年前までは、机と椅子、それにせいぜいファックスとコピー機があれば、書く仕事に十分でした。あとは本棚が大部分を占めているというのが書斎の常態でした。しかし、コンピュータが入ります。場所を取りますね。採光がことのほか重要になります。私は南向きの部分をほとんど壁にして、長い機器用のテーブルを作りつけにしました。こうすると、暗くなりますが、自然光に邪魔されず、落ち着いて仕事ができます。

最初に消えたのは原稿用紙でした。それから万年筆が消えます。辞書類は棚に並んでいますが、重要なものはデジタル版を購入し、パソコンのハードディスクに内蔵し、すぐ取り出せるようになっています。重い厚い場所塞《ふさ》ぎの平凡社や小学館の百科事典を、暗い書棚から引き出し、足に滑り落とす危険もなくなりました。いま限りなく欲しいのは『日本国語大辞典』のデジタル版です。本当はこれらの大型辞書類を書斎から放逐したらどんなに気持ちがいいかわかりませんが、まだデジタル版には全面的な信用をおきにくいのですね。私も旧読書人の一人なのです。

ファックスもコピー機もあるにはありますが、早晩引退勧告を受けるでしょう。ラジオもレコードも、どれもこれもデジタルになり、小型化し、場所を取らなくなりました。パソコンをはじめ機器はかなりの音を出すので、バックグラウンドミュージックがあると、仕事がしやすい、ということがわかるようになりました。

「書斎」というと優雅な感じがしました。しかし、デジタル時代の書斎はどうしようもなく機能的になり、仕事オンリーの空間というほかなくなりました。こんな点が、ちょっと残念ですね。しかし、書斎にはいると、「仕事だぞ！」と自然につぶやくほどに、いつも臨戦態勢になります。

△わが家を全部書斎にしたい！

仕事場以外で読みたい本があります。主に小説や雑誌類です。台所で本を読んでいる妻の姿をよく見かけますが、よくもまああんなところで読めるな、と思います。

定年後、たいていの家は、子どもがいません。かつて子どもが占領していた部屋があるでしょう。ところが、その空き部屋はまだ子どもたちが残していったガラクタの物置だったり、年に何度か訪れるために空けてある、というもったいない使い方をしていることが多いのではないでしょうか？　私の家も同様ですが。

思い切って、ガラクタを全部片づけ、新しい書斎を造ってみてはいかがですか？　一つといわず、読書専用の部屋、仕事専用の部屋、というように機能分けすると、気分転換にももってこいです。

パソコンも、デスクトップ型は仕事場に、ノート型は居間や寝室や読書室にという使い方をすると、家中が仕事場になります。何も、それまでして仕事をしなくても、といわれるかもしれません。逆なのです。仕事場に閉じこもって「勤務」するスタイルは、定年後には似合わない、と思えるからです。一服の時間、気分転換のチャンスをもつためには、空間移動がじつに有効なのです。

わが家を全部書斎にしたいということを、しかし、あまり堅苦しく考える必要はありません。私の家は、寝室以外は大した本が入っていないとはいえ、書棚がどの部屋にもあります。寝室にないのは、寝ている間に地震が来ると、身を守ることができないと思えるからです。私の家は、三本の活断層が集結している地点にありますから、必ずしも過剰防衛とは思っていません。

それに畳の部屋で寝転がりながら本を読むのは、なかなかいいものです。残念ながら、書庫を広げたため、和室を板敷きの部屋に改造してしまいました。いま残っている和室は一つだけですが、そこも娘夫婦がやってくるときの寝室に空けてあります。書斎の壁向こうの部屋なので、ひそかにわが占領区とすべく、狙いを定めているところです。

こういう密かな楽しみをもつことができるのも、定年後なればこそではないでしょうか？

本に囲まれた生活って、いいよ

△書斎は猥雑《わいざつ》がいい

最近、家具を全部収納室に収め、壁で閉ざす、じつに外観はシンプルな室内設計の家が増えました。それに、小さいながらも、書斎兼仕事場をもつ家も着実に増えているようです。本も、装飾と実用を兼ねた取り扱いを受けて、屋内景観にきちんと納まっているのもいいですね。

でも、本や書斎がたんなるディスプレイ（展示物）にとどまっているのは、感心できません。なによりも、使用されていないため、美しい外観を保ってはいるが、死んでしまっていることです。

ヨーロッパの古い村を歩くと、それは美しい。街が石壁で囲まれているだけではありません。教会、家壁、歩道、公園、橋、そのほとんどすべてが石でできています。整然と積み上げられた石の芸術ですね。「美しい！」とつい声を発してしまいそうです。しかし、その声が街を突っ切ってしまいそうなほど静寂が支配しているのです。人に出会わないのです。そう、街は息を潜めたようにそこに存在している、という体なのです。

こういう街では、つい足早になってしまいませんか？　私は、街は猥雑がいい、と思います。書斎もそうです。文化人類学者で本狂いの山口昌男《やまぐちまさお》さんが、有名な蔵書家の書庫を指して、「すごい量だったが、揃い本がほとんどだった」といったことがあります。揃い本とは、本の背がきちんとそろった、全集本の類のことですね。きれいだが生きていないという感じがしませんか？

大小、背色、ジャンル等々が異なる雑本類が雑然と並んだ本棚と書庫、精神が多種多様な要素を吸い込んでひしめき合っている生命力豊かな書斎、それが生きている書斎ではないでしょうか？　こういう書斎に迷い込んだとき、つい捉えられて長居をしてしまうのではないでしょうか？　そこに入れば新しい時間がはじまる、これでなくちゃ、と思います。

△トイレ本がなくては

司馬遼太郎のエッセイ、紀行文の類の大部分は、トイレで読みました。司馬さんだけでなく好きな作家の本の大部分は、トイレタイムで読んだのではないでしょうか？トイレは小さいが偉大な書斎である、これが私の定義です。尾籠な話をするな、という人はトイレとうまくつき合っていないのです。

ものを考えるのに適したところは、鞍上《あんじょう》、枕上《ちんじょう》、厠上《しじょう》といわれてきましたが、いまでいうなら、車中、ベッドの中、トイレ（西洋式トイレ）の上、ということになるでしょう。残念ながら、定年後、通勤は終わります。ベッドのなかは目に負担がかかりすぎます。トイレの時間だけはどんどん長くなっているのではないでしょうか？

祖父も父も、トイレで倒れました。いわゆる中風ですね。暗く、寒く、臭く、日本式ですから、またいで力むというわけで、高血圧の人は脳の血管が切れるのですね。二人とも一命を取り留めましたが、それから長い間、不自由な体で生きなければならなかったのです。

しかし、トイレが西洋式水洗になり、排気がよくなり、清潔になりました。採光がよくなり、室温は低めだが一定していて、しかも静かなところにある、というわけですから、ものを考えるというより、ものを考えた頭を冷やす場所としては最適です。トイレ本を抱えながら、ここで毎日毎日長時間すごすのです。立派な書斎だと思われませんか？

　私は、買ったばかりの本を抱え、デパートのトイレで開いて、ゆっくり読むというか眺めるのが、とても好きです。家ではトイレに入るときの本を二、三冊あらかじめ決めておかないと、落ち着いて排便ができない、という体です。これって、けっしてクサイ話ではないでしょう。どうです、ごく簡単でいいと思いますから、トイレを小さな書斎にしてみませんか？

△読む本は私のものよ

　仕事のために本を読むと、よくよくわかることがあります。重要な本は自己所有しなければならない。線を引いたり、メモをしたり、何度も参照するためには、自分の手近に置かなければならない。これです。

　妻と私は、ほとんど同じ本を読みません。妻のほうが意識して私の仕事と関係のない本を読んでいるとしか思えないほど、読んでいる本の種類が違います。しかし共通して好きな作家がいます。たとえばミステリーの東直己です。東さんと私はお互いに本を贈り合っている関係ですから、本棚には彼のコーナーがあります。妻は私の書庫にほとんど立ち入らないのですが、東さんの本の所在は知っているはずです。

あるとき台所のテーブルの上に東さんの本をみつけました。私所蔵の本かなと思って、表紙裏を捲りましたが、サインがありません。「この本、もっているよ」というと、「読みたい本は自分でもちたいの」というのです。気がついて、妻の「書棚」をのぞきますと、東さんの本だけでなく、かなりだぶる本があるのですね。もちろん、私はもったいない、などとは思いません。

つい、自分の本を手軽に貸してしまい、いざ仕事で使おうというとき、捜しても見つからず、誰に貸したかもわからず、時間を潰《つぶ》すだけでなく、いらいらすることがしばしばあります。本は貸したくない、と切実に思います。この私の性癖を知っているのか、妻は私の書棚から本をけっして抜こうとしません。喜ぶべきことです。

本は、私にとって、読んで愉《たの》しむ消費財ですが、より多くは書くための欠かせない材料です。武器庫に武器がなくては戦えません。本がなくては知の戦場に出てゆくことはできない、というのが私の意見です。みなさんの書庫には、仕事に必要な本がそろっていますか？

書斎とはスタディ＝仕事場のことだ

△仕事場に酒もたばこも持ち込まない

私の「趣味」は唯一「酒」です。酒場であり、夜の酒場街です。もちろん自宅でも飲みます。日本酒、ビール、ワイン、ウイスキー、焼酎《しょうちゅう》、これが日頃口にするジャンルで、好みの順位でもあります。本と酒に消えた金は、家何軒分に相当するだろう、なんて考えないことにしています。

というのも、本も酒も、書く人間の戦友なのです。書く人間にとって、ともに戦ってくれる人はいません。妻だって、ときに敵になることがあるのです。中立者であれば、OKと思っていいでしょう。常にたった一人の戦いです。自分が戦線から逃亡するか、ホールドアップしたら、そこで終わりです。本が武器なら、酒は激戦後の慰藉のために必要です。緊張し、運動不足のために硬直した心身をやわらげ、安らかにするための「薬」です。

えっ、酒飲みの屁理屈だろうって。そうじゃありません。酒がなければ書けない、というのではありません。酒はエネルギーとはなりえません。むしろ、エネルギーを奪い、安らかな眠りに誘う媚薬《びやく》でしょう。心身緩和剤ですね。

私はこの一〇年間、コンスタントに年間三〇〇〇枚書いてきました。自分でも想像できない数に上るでしょう。その前の一〇年間は、常に一〇〇〇枚以上書いてきました。さらにその前の一〇年間は、やはり五〇〇枚以上書いてきました。一九八二年には一二一六枚書いたというメモが残っています。（一九八一年以来、年間執筆総数のメモ用紙が手帳に挟まっています。）それで、誰彼となく、飲みながら書いているだの、ゴーストライターがいるだの、といわれてきました。ゴーストライターはしたことがありますが（一〇冊あまり）、されたことはありません。

私は、酒を飲みながら仕事をしたことはありません。できるかもしれませんが、酒は極上の友です。仕事もそうです。二つながらに同時に手にしたら、至上の友を同時に失うのではないでしょうか？　そう思えます。

仕事をし終わってから飲む。それが最上の呑み方です。仕事の興奮を忘れさせてくれます。もっとも気持ちの休まる一刻《ひととき》です。

△他人が無断で立ち入らない場所

私の書斎には、子どもたちは入らないことになっていました。別に、入室禁止の貼り紙をしていたわけじゃありません。しかし、妻が仕込んだのでしょう。書斎は仕事場で、家庭とは異質な空間である、聖域なのだ、と。

ところが、子どもの友達が遊びに来て、書斎に闖入《ちんにゅう》してきたことがありました。私の子どもは必死に止めているのですが、その理由がわからないのですね。つい怒鳴っていました。「ガキが入るところじゃない！」

子どもなら、まだしもうるさいだけでしょう。しかし、大人は違います。他人の家に無断で入ってくる人がいるでしょうか？　書斎に無断で入る人は、家に無断侵入する人よりもっと礼儀知らずともいえるのです。というのは、そこには本があるからです。蔵書はたんなる客観的なものではありません。当人が読んで、魂を留め置く（大げさですが！）ものでもあるのです。無断で心の奥所をのぞかれる、これが書斎をのぞかれる、という意味でしょう。

知らなかったのですが、ある失礼な二人が、まったく無断で私の書斎に入り込み、あれこれと本をのぞき込んでいったそうです。あとで本人からそのことを聞き、仰天しました。こいつらとは、精神をともにすると、怖いことになる、と思えました。

書斎は聖域だからいいのです。職場に家族がいて、仕事だか団欒《だんらん》だかわからない雰囲気で、仕事に熱中できると思えますか？　ただし、どこであれ、誰とであれ、集中すれば、仕事ができるというのも、強みではあります。人のいる、音楽のかかっている喫茶店でなければ集中して書けない、という人もいます。残念ながらというか、幸運にもというべきか、私は書斎派です。喫茶店は喫茶店でまた別な利用法があります。最近は、ホテルが仕事のできる空間になりました。ここはいいですね。

△生産工場である

まだ半熟の研究者が家を訪ねてきたことがあります。書斎をデジタル用に改造したばかりで、本棚も詰まっていない、すっきりした空間でした。一瞥《いちべつ》して、「仕事場だ！」と発しました。絵一枚かかっていない、殺風景な場所に映ったのかもしれません。でも、これって、私にとっては喜ぶべき賛辞に聞こえたのです。

そうです。書斎は、すでに述べたように、研究室＝仕事場（スタディ）なのです。「男の隠れ家」等というような、家族から逃げだす、精神を休める安眠の場所などではありません。もっと適切にいえば、定年後も、定年前も、「生産工場」なのです。この本の主題に即していえば、文章を生みだす工場なのです。書斎なしに仕事をする愚がどれほどのものか、おわかりでしょう。

作者である私が、オーナーであり、プロデューサー兼ディレクター兼ライター兼エディター兼その他諸々《もろもろ》なのです。したがって、設備投資をしなければ、研究開発費を投じなければ、福利厚生を考慮しなければ、販売促進を無視しては、工場は立ちゆきません。生産力は上がりません。

そんなに大げさに考える必要はありませんが、書くとは、生産活動である、という視点から見る必要がある、といいたいのです。

したがって、三〇代は圧倒的に先行投資の時代でした。四〇代は少しは環境充実を図ることができるようになりました。それでも、書く事業は、赤字続きです。五〇代に収支トントンになり、六〇代以降ようやく黒字経営になる。これが書くという生産活動の一般的姿です。

そんなに赤字なのに、なぜ書くなんてことに挑もうとするの、と思われるでしょう。縷々《るる》述べてきた通りですが、子育てには金と暇がかかる、そんな面倒なことで自分のやりたいことを潰してしまうなんて、真っ平御免《まっぴらごめん》だ、という人には、おそらくわからないでしょうね。書くとは子を産んで育てることに似ている、とは何度もいってきましたね。

二節　印税って、余禄か？

書いて千円を得るためには、一万〜一〇万円の投資が必要だ

「いやー、鷲田先生は、大学から給料をもらい、印税も入りで、いい身分ですねー！」
初対面の人ばかりでなく、私のことをかなり知っている人でも、こんな風にいったり、考えたりしているのではないでしょうか。
私の答えはいつも同じです。書いて千円を得るには、およそその百倍も投資が必要だ。投資だけでなく、途方もない労力が必要だ、と
東直己さんは、今でこそプロの作家ですが、大学を中退し、三六歳でデビューするまでは、定職がなかったのです。あらゆる職を転々としたそうです。フリーターですね。しかし、作家になりたいという想いが強かったから、定職をもたなかったのでしょう。もってしまうと、自分の望みが腰砕けになるのでは、という思いがあったのでしょう。結婚し、子どもが三人もありましたから、惨憺《さんたん》たる生活ではなかったでしょうか？

東さんはプロになってから一四年間ですが、いくら印税で稼いだでしょうか？　おそらく、作家になるためにかかった費用と時間を差し引いたら、トントンまでにはまだ間があるのではないでしょうか？　それでも、東さんはまだ「成功」したからいいでしょう。途中で作家になることはもちろん、書くことさえも放棄しなければならなかった人がどれほど多いことでしょう。

ものを書くには、お金が必要です。紙と鉛筆があれば、書けて、活字になって、出版される、という具合にはいきません。しかし、書くという行為には、お金と労力をかけるだけの価値がある、という点は、語ってきた通りです。

書いても、金とは無縁だよ、といいたいのではありません。現に、私はかなりの印税を稼いでいます。私の作家生活にも、バブルがありました。ほんの二年間の短い期間でしたが、このまま行けば渡辺淳一に追いつけるのでは、というほど上昇線を描いていた時期です。しかし、バブルに酔った瞬間、私のバブルは消えていました。

定年になって、書くという好きなことをして、わずかでも原稿料や印税が入る。これは、ことのほかうれしいものです。それ以上に励みになります。書いてベストセラーを出し、大いに儲《もう》けよう、などという気を起こさなければいいだけなのです。もちろん、儲けよう、利益を上げよう、と思う人には、書くことを勧めたりはしません。できない相談だからです。

じゃあ、書くことは道楽でしょうか？　道楽（ホビー　hobby）といってもいいでしょう。しかし、ゴルフや旅行という種類の道楽とは違います。中心で「仕事」に直結しているからです。その気になりさえすれば、道楽だけでなく、仕事にすることもできます。仕事には収入がつきものです。

印税を、飲み食いで費やしたくない！

書いて、もらった金は、大小にかかわらず、特別の思いがする、とは書いた通りです。同じ一万円でも、アルバイトで稼いだ金と、エッセイを書いていただいた原稿料では、取り扱いが違って当然でしょう。

戦時下、福田蘭堂《ふくだらんどう》が大倉喜七郎《おおくらきしちろう》と偶然出会い、料亭で飲んだときのことです。大倉は男爵で旧財閥、日本の大富豪の一人です。大倉組、帝国ホテル、ホテルオークラ、川奈ホテル等の創始者として知られていました。また文化人でもあって、芸術家のパトロンを任じてもいました。

蘭堂は大森に誘います。一流どころの芸者はいませんが、かえって美人が多く、大倉はことのほか喜びました。さて帰るという段になり、支払いです。もちろん大倉は財布なども持ち歩きません。場末です。夜更けです。秘書を呼ぶわけにもいかない。それで金は蘭堂が支払い、大倉に借用書を書かせたのです。これは蘭堂の策略で、天下の大金持ちから借用書を取ろうという魂胆です。こうして金弐百円の借用書ができます。

借用書です。金を返してもらえば、蘭堂の手元から離れます。大倉の借用書は二〇〇円より値打ちがある。それで、言を左右にして蘭堂は金を受け取らず、結果、蘭堂の手元に大倉自筆の借用書が残ることになりました。日本屈指の大金持ちに金を貸した証拠の件《くだん》の借用書を額縁に入れて、飾り、見せびらかすことができたわけです。この話、福田蘭堂の傑作随筆集『志賀先生の台所』に載っていました。

福田蘭堂という洒落者《しゃれもの》にとっては、懐の大金より大倉の「借用書」のほうがずっと価値があったのですね。同じように、書いて得た一万円は、額縁に入れたくなるほどの付加価値がつくのです。これが原稿料とか印税のもつ重みなのだと思って間違いありません。

ところで、福田蘭堂とは何者か、ですって？　尺八奏者で、満洲浪人であり、釣り師です。戦後は、NHKの連続ラジオ番組、「新諸国物語」のテーマ曲の作曲家でした。あの「笛吹童子」の「ヒャラーリヒャラリーコ」という尺八も、彼が吹いています。もう少しいうと、あの夭折した天才画家（代表作『海の幸』）青木繁《あおきしげる》の遺子であり、クレージーキャッツの石橋《いしばし》エータローの父です。

友人が、「印税で儲かっているじゃないか。あぶく銭だろう。おごって当然じゃないか」等という利いた風なセリフをよく吐くのです。こういう手合いには、何をいってもも理が通りません。抗弁したってムダです。結果、いままで何百回となくおごらされてきました。しかし、印税だけは、こいつらの飲み食いのために使うわけにはゆかない、という気持ちはもち続けています。

ところが、少しでも書いて原稿料や印税を得たことのある人は、絶対に「印税でおごれ！」などという理不尽な言葉を吐いたりはしません。書く意味、書いて得たものの貴重さを知っているからです。これって、大切なことなのですよ。

印税で生活してみたい！

しかし、印税で得た金は特別のものである、という想いと、印税で生活できるほど稼いでみたい、という思いとは、矛盾はしない、というのが私の考えです。

私自身は欲張りというか、ケチというか、書く以上は、書くだけで生活できるくらいは稼ぎたい、と思い続けてきました。これって強欲でしょうか？　そうではないでしょう。

書きはじめたときは、印税生活が実現可能などとはまったく思えませんでした。一〇年続けると、もしかしたら可能かな、とひそかに思いました。八〇年代には、一万部売れたら、たらふくうまいものを食いに行こう、と妻やその妹夫婦によくいっていました。ところが、九一年に中程度のベストセラーが出たのです。そのときは、いよいよ正夢になるかもしれない、と思えました。そして、しばらく間があって、バブルです。でも、それは潰《つい》えて、ほぼ一八年になります。

ちょうど六〇歳を超えるころからでしょうか。どんなテーマであれ、着実に書こう。手抜きだと思われないものを出そう。できれば一年に一～二冊は、自分のもちテーマで書こう。こう思えるようになりました。そして、収入もグンと下がりましたが、安定しています。

でも、人間て、欲張りなのです。私にも、もう一度くらい売れる時期が来る。そう思えるのですね。定年後、印税生活をめざして奮闘するのも、楽しいものですよ。額の大小をかまわなければ、印税のためにということも、人間をなかなか奮い立たせるものですよ。欲深いのが人間でしょう。

もっといいことがあります。私の周囲で、ものを書いている人が、同じ年齢の人より、最低五歳は若いように感じられるのです。なんといっても、言動が若いですね。若いといっても、若者ぶっている、ということではありません。年齢より若々しいということです。その若さのなかには、本を書いて、売れて、儲けたい、という欲というかエネルギーが潜んでいるように感じられます。私は好ましく思いますが、どうでしょうか？

三節　讃！　一年、一冊書く、人生

書く仕事がある人生——充実

定年後は長い。課せられたノルマ＝仕事がない。いつでも、好きなことを、心おきなくやることができる。まさに自由の横溢です。これは、一見して、素敵ですね。

しかし、定年後は、たんに長いだけではありません。期限がないのです。ノルマがないだけではありません。きまってやるべきことがないのです。何をやってもいいが、やらなくてもいいのです。それに、人間です、好きなことだけをやれるでしょうか？　心おきなくやって、飽きないことってあるでしょうか？　あんなにもパークゴルフに熱中したご婦人が、ある日突然、熱が冷め、飽きて、クラブを玄関の隅に置いたままになることってないでしょうか？　大いにあるでしょう。

人間というヤツは欲張りなのですね。いま私は、チキンラーメンに凝《こ》っています。あの日清の、どんぶりに入れ、お湯を注ぎ、蓋をして三分の、インスタントラーメン発祥以来の食品です。もう大昔になりますが、受験浪人で、はじめて口に入れた一九六〇年の頃は、少しも美味《おい》しいとは思えなかったのです。新しい即席ラーメンが現れると、すぐに食さなくなりました。それが四五年ぶりの出会いなのです。もう五カ月になります。青唐辛子を切った酢漬けを薬味にすると、満点の味になります。でも、思うに、これだけ凝ると、飽きるのも早そうです。

ところが、読書も、書くことも、飽きないのですね。特に書くことを仕事にすると、何度もいいましたが、終わりがありません。それに充実度は他のものと比較にならないほど、大きいのです。年を重ねても、この充実度は減じることはありません。

なるほど、集中しなければ書けませんから、長いものを書くと、魂が吸い取られたように、消耗します。いま最終節を書いている私が、まさにその状態です。ガス欠状態に襲われつつあります。

でも、これが仕事を果たしたあとの充足感とつながるのです。まさに魂をあげて放出したからこそ、その後の充実がある、というわけです。いくぶんボーッとして来つつありますが、何とも気持ちのいいものです。

この充実感の最大のものは、達成感ですね。自分の力だけでやり遂げた達成ですから、格別の感情なわけです。定年後に、否、定年後にこそ、書くことで、それまでの人生で味わうことのできなかった、自己達成感を満喫できるとしたら、何とすばらしいことか、と思われるでしょう。

読んで書くことで、その充実感を得ることができます。しかも、書くことにかぎりがありません。熱中すればするほど、奥が深まってゆきます。書くべきものが増えてゆきます。それに、上達することは、それ自体が楽しいものです。パークゴルフだって、いつまでも上手にならないままならば、クラブをすぐに抛《ほう》り出すでしょう。でも、パークゴルフを貶《おとし》めていうのではありませんが、ゴルフに比べてずっと奥行きが浅いでしょう。上達度も一定の水準でとどまるのが普通です。

それに書くことは、こういう点でも、充実度が異なります。

書くことは、特殊な人の特別な行為ではなくなった、といいました。しかし、パークゴルフのように、クラブをもったその場からできるというものではありません。やはりというか、当然というべきか、書く人は少数派なのです。一〇〇人のうち、一人の割合と思っていいでしょう。稀少価値なのですね、書くということは。稀少で貴重なことをやっているという感情は、なかなかの充実感ではありませんか?

著書=成果がある人生——誉れ

人間はさらに欲張りなのです。もちろん、非難していうのではありません。欲張りであることが人間の自然(本性)なのです。欲張りでない人は人間から遠ざかっている、と思ったほうがいいでしょう。

書くことでかぎりのない充実感、達成感を味わうことができます。すばらしいですね。しかし、たんなる充実感では、満足できないのが人間なのです。

魂を吸い取られるほど、書くと消耗する、といいました。ただそれだけならば、書くことは媚薬の類でしょう。吸い取られた魂は、形あるものに注入されるというか、浸透してゆき、作品になるのでしょう。書く行為が、作品になってはじめて、自己達成感が定着されるのです。

それればかりではありません。書いたものが作品となり、多くの人に買われ、読まれ、評価されると、誉れをえます。名誉ですね。誉れなんて大げさな、といわれるかもしれません。しかし、私の本が近藤書店で買われ、大事そうに抱えられるのを見たとき、自分が高められたような感じがしました。誉められた、と同じです。

これを逆にいうと、書いたものが批判され、非難され、無様なさまをさらしているのを知ると、自分が辱《はずかし》められ、大道に死体をさらされたような感じをもつでしょう。不名誉なことと思われるでしょう。

名誉なんてなんだ、という人がいますね。実際、名誉欲の強い人は厄介です。会合や会席で、座席の順番まで気にする人。勲章の好きな人。世の評判で人の度量をはかる人。一見して嫌ですね。見苦しいですね。そんな人にはなりたくないだけでなく、つき合いたくない、と思われるでしょう。

作家でいちばん愛している開高健が、ノーベル賞が欲しくて欲しくて、サントリーの佐治《さじ》社長などの力を借りて、ずいぶんじたばたした、ということを聞いて、がっかりした思いがあります。その開高さんが、もし長生きして、大江健三郎《おおえけんざぶろう》がノーベル賞をもらったのを目にしたら、口にするであろう言葉がわかります。「ノーベル賞などというう下らないものを取りやがって、作家魂の持ち主とも思えない」これと同じような言葉を吐き出すようにいったに違いありません。でも、こういう開高さんを私はやはりというか、当然というべきでしょうが、好きです。正直なのですね。自分の欲望に。大江さんが取ったら、もう同世代の開高にノーベル賞はやってこないでしょう。いわずもがなのことを、開高さんはいうのですね。

でも、賞は、たとえ勲章でも、なした事柄に対してのものでしょう。「虚飾」に違いありませんが、ご褒美でしょう。(叙勲《じょくん》には、多くの裏があることを知っていて、これをいいます。) 私にもらう趣味はありませんが、それは、たぶんに私が賞や叙勲の対象になったことがないからでしょう。賞や叙勲を口先では汚いもののように避ける人のなかには、喉《のど》から手が出るほど欲しがっているということがありありと見えます。けっして少なくありません。

本を出すからといって賞の対象になるわけではありません。しかし、賞賛の対象になれば、心が浮き立ちます。自分が少し高いところに登ったような、晴れがましい気分になります。これは、子どもを産んだとか、競馬で当てたとか、というような高揚の気分とは違います。オナラブル（honorable）、天晴《あっぱ》れでしょう。

誉められる、これほど人を励ますものはありません。子どもにかぎりません。大人だって、まして老人だって、勇気づけずにはおかないのです。

作品になり、称賛を受ける。称賛を受けないまでも、読まれる。ひそかに読まれて、記憶に残る。そう思うだけでも、誇らしい気持ちがわいてくるのです。すばらしいことですよ。

著書を残す人生——自尊

人生に長大な目的をもつことを重大事のようにいう人がいます。あまりつき合いたくない人です。そう思いませんか？　人類になりかわって、語るなどということは、よほどの胆力がいるか、無責任な言説だからです。

この世に自分が存在した証《あかし》を残す。生きた証ですね。その手段はたくさんあります。

しかし、確実で自明なものに、自著を残すということがあります。このことは何度かいいました。ここで強調したいのは、著書を残そうという人生が、自尊心ある人生に違いない、ということです。

でも、自尊心のありすぎる人は嫌われますね。通弊として、他人の存在をないがしろにするからです。しかし、自尊の心がない人は嫌じゃありませんか？　常に、相手次第という態度です。相手が強く出れば引っ込み、相手が弱い人間だとわかると、強く出る、という手合いです。こういう人とは安心してつき合えません。

書くとは、何を書くにしろ、自分が書くだけでなく、自分を書く結果になります。いいものを書こうと思えば、自分をひとまずは突き放してみなければなりません。自分にみとれたままでは、いつまでたってもまともな作品はできあがりません。

冷静な自分から見れば、自分とはどのように見えるでしょう。おそらく欠点だらけの存在ではないでしょうが。しかしながら、欠点だらけを克明《こくめい》に書いても、作品にはなりません。サディスティックな、読むにたえない作品になるのが落ちです。こんなに多くの欠点がありながら、それでもなお、書くに値する自分とはどのようなものか？　ここがいわば自分がよって立つ自尊心のあり場所ではないでしょうか？

書くとは、ダイレクトに自分を書く書かないにかかわらず、この自尊のありどころ、つまりはパーソナル・アイデンティティを見いだし、克明に記す作業に他ならないのです。

私は、本書でも、私をモデルに、私の自尊心のあり場所を探す作業を試みました。主題が異なれば、自尊心のあり場所は、微妙に異なる、ということは前々から気がついていました。私は本書の直前に、「大学教師」について書きました、こちらも私の正業です。教師に関して見いだされた私のパーソナル・アイデンティティと、本書のように「作家」に関連して見いだされたパーソナル・アイデンティティとは、大いに重なりますが、「教える」と「書く」は、やはり違います。第一、特定の対象である学生と、不特定多数の読者を相手にすることは、同じではありません。私の仕事の比重が、どんどん書くことに傾いてきていますが、それは私の自尊心のあり場所の変化と結びついています。

定年になるとは、自尊心のあり場所に変化を求めることではないでしょうか？　定年前は、なにかと、外向きになっていたでしょう。定年後も、それは違った形で続きますが、じっくり自分と向き合う、自分の内面と向き合うことを多めにしてはいかがでしょうか？　自分の内面といっても、自己意識を直接熟視し、探究することではありません。書くということを通じて、自己を対象化することです。作品を生みだして、自己を社会的評価の前にさらすことです。これは、これ自体で、なかなか自尊心が必要になります。しかし、尊大無礼な自分ではなく、自己と格闘した自分を、もう少し広い評価基準のなかで比較判定される自分を対象化することなのです。

とはいえ、まず書くことを勧めます。そのためには書くトレーニングに取りかかりましょう。書く環境も整えてみましょう。急がず、しかし、着実にはじめて下さい。いずれ、あなたの作品もできあがるでしょう。それとお会いできる日を、私も楽しみにしながら、本稿を終えようと思います。

文庫版のためのあとがき

わたしがもっとも大事にしている自著に『入門 論文の書き方』（一九九九年）があります。一〇刷りを超えたのですから、かなり売れた本です。

「入門」は、編集者がつけたので、わたしとしてはたんに「論文の書き方」を書いたにすぎません。大げさにいえば、どんな「論文」を書くのにも対応可能な内容を述べました。もちろんエッセイでも、さらには小説にだって応用可能です（と思っています）。

総じて「万能薬に妙薬はない」といわれますが、拙著は「万能薬」を目指しています。誰にでも、どんなジャンルやテーマにも、対応可能な「書き方」をです。もちろんわたしの発見ではなく、モデルがあります。梅棹忠夫『知的生産の技術』（一九六九年）です。わたしは梅棹さんのやり方を、さらに大衆化しました。より単純に部品化し、ベルトコンベヤー化したのです。もちろんわたしも実践者です。

しかしこのやり方は、多少とももものを書いた人や、書くことに特別の思いをもっている人たちには、不人気なのです。文章はすらすら書くものじゃない。大量生産品ではない。こう思われているのですね。

それで「定年から書く意味」というテーマの本を書けという注文が来たとき、「書き方」もふくめて、なぜ書くのか、定年後になぜ書く意味がとりわけ重要になるのか、を書きました。それが本書です。

もとは新書版で、今回、出版社を改め、文庫本になりました。新しい読者にまみえるチャンスをふたたびえたのですから、著者にとってこれほどの幸運はありません。

わたしは定年・退職後も、あいかわらず書いています。時間はありますが、スタミナは、グンと落ちました。でも、朝、目を覚まし、すぐに仕事にとりかかる生活が続いています。書き続けているからこそだと思います。それに書いたもので皆さんにまみえるチャンスもなくなったわけではありません。これも幸運に違いありません。この幸運を共有してみませんか。わたしの心からのメッセージです。

最後に、本書発行の契機を与えてくださった祥伝社編集部の水無瀬尚さん、そして文庫本化をすすめてくれた文芸社文庫編集長の佐々木春樹さんに、感謝の意を表したいと思います。ありがとうございました。

二〇一四年五月末日　緑映える馬追山から　鷲田小彌太

本書は、二〇〇六年十一月、祥伝社から発売された
祥伝社新書に、加筆・修正し、文庫化したものです。

文芸社文庫

まず「書いてみる」生活

「読書」だけではもったいない

二〇一四年六月十五日　初版第一刷発行

著　者　鷲田小彌太

発行者　瓜谷綱延
発行所　株式会社　文芸社
〒一六〇-〇〇二二
東京都新宿区新宿一-一〇-一
電話　〇三-五三六九-三〇六〇（編集）
〇三-五三六九-二二九九（販売）

印刷所　図書印刷株式会社

装幀者　三村淳

ISBN978-4-286-15358-2